シリーズ
今日から
福祉職

押さえておきたい
地域福祉・
社会福祉
協議会

[編著]
菅野道生
岩手県立大学社会福祉学部准教授

ぎょうせい

はじめに

　本書は、はじめて地域福祉関連業務を担当する自治体職員の方が、業務についての基礎知識と基本視点を得るための入門書として企画されました。同時に、業務のなかで関わることが多い民間団体である社会福祉協議会についてもその基本的事項がつかめる内容にもなっています。

　近年、我が国の社会福祉政策は、地域福祉をその基調として進められています。そうしたなかで、地方自治体の福祉行政においても地域福祉が重要なキーワードとなっている状況にあります。

　一方で、「自治体における地域福祉の仕事」とはなにかについて、必ずしも明確な枠組みが定まっているわけではありません。高齢者福祉、障害者福祉、児童福祉、生活保護等、各分野ごとの制度的枠組みが明確な領域とは異なり、地域福祉はその範囲が非常にあいまいな分野です。また実際の業務内容は自治体によって（自治体種別によっても）かなり違いがみられます。多くの自治体では、主な関連法令である社会福祉法に規定する業務（社会福祉審議会、法人監査、地域福祉計画、社会福祉協議会の所管）や民生委員・児童委員、赤十字等は従来から地域福祉担当部署の業務となっていますが、これらに加えて近年では、災害時要援護者対策、ひきこもり支援、出所者支援、地域福祉活動人材育成等をはじめ、きわめて幅広い事業が地域福祉のカテゴリとして扱われています。

　行政の仕事は、制度の枠内で決められた範囲で事業や業務、予算を動かすことが基本です。しかし、地域福祉領域では様々な分野や制度を越境し、庁内の他部署はもとより地域の様々な主体との連携・協働が求められるようになっています。その意味で、地域福祉関連部署は

庁内連携の調整役であるとともに、専門機関や地域住民を含む多様な主体による協働の要としての役割が求められる部署とも言えます。

このように、領域としてのあいまいさや役所内外の調整、連携、協働のコーディネートが求められるところに、地域福祉行政の仕事の大変さ、そしておもしろさがあります。

本書では、地域福祉関連業務を担当することになった一般行政職員の方を対象に、上記のような地域福祉の「ややこしさ」について理解し、少しでもその「おもしろさ」を感じていただくことを目指します。また、地域福祉推進の中核機関である社会福祉協議会の組織や事業内容について理解し、行政としての「付き合い方」のポイントをつかんでいただければと思います。

もちろん、地域で福祉活動に取り組む住民にとっても、役所という組織における地域福祉の位置と役割、具体的な業務内容について知ることは有益です。住民が地域福祉活動を進めていくうえで、役所の地域福祉担当部署は重要なパートナーです。本書をお読みいただくことで、役所における地域福祉業務の特徴を知り、活動における役所との連携・協働に役立てていただければと思います。

さらに、将来公務員を目指す学生の方や、社会福祉協議会、社会福祉法人の新任職員の方にとっても、地域福祉の基本を学ぶうえで役立つ内容にもなっています。

本書はいずれも地域や地域福祉、あるいは行政の仕事を心から愛するメンバーで執筆しました。地域福祉についての「知識」はもとより、各執筆者それぞれの熱い「おもい」にも触れていただければと思います。

2022年4月

菅 野 道 生

目　次

第3章　事例から学ぶ 地域福祉の仕事

第4章　地域福祉のキーワード

第5章　地域福祉をめぐる トピックス

第1章

地域福祉とは

1 ややこしくておもしろい、地域福祉の仕事へようこそ！

（1）地域福祉は「わかりにくい」？

　第1章では、地域福祉とは何か、また自治体福祉行政における地域福祉の位置付けについて、その基本的な考え方と近年の動向を紹介したいと思います。「地域福祉の部署に来たけれど、そもそも地域福祉って何？」「行政として取り組む地域福祉ってどういうもの？」という方向けに「基本のキ」をお伝えするといったイメージになります。地域福祉について「なんとなくわかってるよ」という方も、おさらいのつもりで読んでいただければと思います。

　さて、のっけからこんなことを書くのは少し気が引けるのですが、正直言って、地域福祉は行政職員の皆さんにとってはいちばん「わかりにくい」、あるいは「やりにくい」分野のひとつかもしれません。

　なぜならば、地域福祉は「誰を対象とするのか」「どこからどこまでを対象とするのか」といった対象範囲の限定がしにくいからです。例えば、高齢者福祉と言われれば「高齢者を対象とする福祉だな」となんとなく想像がつきます。児童福祉や障害福祉、生活保護なども同様で、少なくとも「どのような人たちを対象とする福祉なのか」をイメージできます。しかし、地域福祉は必ずしも「地域を対象とする福祉」を意味しませんし、仮に「すべての地域住民を対象とした福祉」という風に考えてみたとしても、それが具体的にどのようなものなのか、すぐには思い浮かばないのではないでしょうか。

　しかし、実はこの「対象が限定できない」という地域福祉の特徴は、現在の我が国における社会福祉制度をめぐる大きな流れを象徴してい

るとも言えます。今の、そして今後の福祉行政の方向性とは、端的に言えば、「タテワリからヨコツナギへ」です。これは、従来のタテワリの福祉行政では、多様化・複雑化する住民の福祉課題に対応できなくなってきたことが背景となっています。社会的孤立や貧困、ひきこもり、8050問題、被災者支援、いわゆる「ゴミ屋敷」、多問題世帯など、今地域で問題となっていることは、従来の児童・高齢・障害といった分野ごとのタテワリの福祉では解決できないものばかりです。そのため、自治体福祉行政には、各制度をヨコにつなぎ、分野を問わない総合的な地域生活課題に対応する体制づくり、すなわち包括的支援体制の整備が求められているのです。そして皆さんが新たに異動された地域福祉担当部署は、庁内外の連携・協働の司令塔としてこの包括的支援体制整備をけん引していくことが求められている部署なのです。

💬 （2）地域福祉は「やりにくい」？その1―タテワリからヨコツナギへ―

　こうした政策動向が、行政職員にとって地域福祉が「やりにくい」理由にもなっています。なぜなら「これからはヨコツナギだ！」と言われても、長年タテワリでやってきた福祉行政がそう簡単に変わるわけではないからです。地域福祉担当部署は、いまだにタテワリが幅を利かせる役所文化のなかで、制度の分厚い壁にゴリゴリと横ぐしを通すような仕事をしていかなくてはなりません。関係法令に定められた枠組みと一定のルールに基づいた業務遂行を基本とする自治体行政実務において、日常的に制度の壁を「越境」することが求められます。ここに地域福祉の仕事の「やりにくさ」があるとも言えます。

　しかし、近年、国の政策がタテワリの福祉制度の壁をできるかぎり低くしようとする方向で動いていることは第4章1節でも述べられて

いるとおりです。こうした流れが今後も続けば、いずれ自治体福祉行政は制度・部署のヨコツナギによる包括的な支援体制が当たり前のものになっていくはずです。その意味で、地域福祉担当部署は、今後の新たな自治体福祉行政のあり方を切り拓く最前線の部署と言えます。

（3）地域福祉は「やりにくい」？その2―連携・協働による福祉―

　行政職員にとって地域福祉の仕事が「やりにくい」と感じられるもうひとつの理由として、業務の多くの場面で地域住民や地域団体との連携・協働が求められるという点が挙げられます。同じ枠組みやルールを共有する部署内や役所内部で完結する仕事に比べて、外部との連携・協働には「やりにくさ」がつきものです。特に町内会・自治会やボランティア活動団体等をはじめとする市民・住民による福祉活動は自発的・主体的なものであり、制度の枠や役所のルールには縛られません。また、それらは有給の「仕事」として取り組まれているわけでもありません。やるかやらないか、何をやるかは100％相手の善意や自発性にかかっています。役所から見れば、思うとおりに動いてもらえない、またいつまで活動が存続するかもわからない不安定な相手とも言えます。そうした市民・住民による自発的な福祉活動との連携・協働が必要となる地域福祉の仕事は、行政職員にとってはちょっと「やりにくい」仕事かもしれません。

　しかし、自発的・主体的な市民・住民との接点が多いことは、地域福祉の仕事の「やりにくさ」であると同時に、「面白さ」や「やりがい」にもつながる要素でもあります。自治体における福祉の仕事は、時として住民に対する「公権力の行使」という側面を持つことがあります（生活保護における給付管理などはまさにそれです）。このことは用

地課や税務・納税課といった部署にも言えますが、そのような仕事に
おいては、往々にして住民との関係が緊張や、時に対立を孕むものに
なりがちです。しかし地域福祉の仕事では、自分たちの住む地域を愛
し、できるだけよくしたいという住民の前向きな気持ちや姿に多く接
することができます。行政職員の皆さんも、もともとは住民の暮らし
をより良いものにすることに貢献したいという動機でこの道を志した
のだと思います。その意味で、元気な住民と関わる地域福祉部署の仕
事は、皆さんにとってポジティブな気持ちや、やりがいを感じられる
ことも多いものになるはずです。

2 地域福祉ってなんだ？ —変化する地域福祉の意味—

　さて、ここまでは地域福祉について、行政職員が感じやすい「わかりにくさ」と「やりにくさ」という視点から見てきました。それらも踏まえて、あらためて「地域福祉とは何か」について考えていきたいと思います。

　地域福祉は、時代とともにその意味内容が変化してきているやっかいな言葉です。もちろん言葉の核となる部分は変わらないものもありますが、時とともに、どんどん新しい意味が付け加えられているようなところがあります。例えるなら、創業以来、増改築が繰り返された結果、建物が縦横に拡大し、館内見取り図がやたら入り組んで複雑なものになった老舗の温泉旅館みたいなものでしょうか（例えた結果、余計わかりにくくなったかもしれません）。要するに「地域福祉」は極めて多義的な概念であるため、「地域福祉」という言葉を聞いて思い浮かべることやものが人によって（あるいは時代や場所によって）違っていることがめずらしくないということです。

　先にも述べたとおり、地域福祉行政の実務では、行政内部だけではなく、地域住民や民生委員・児童委員、町内会・自治会、社会福祉協議会や福祉施設の専門職等、様々な関係者と対話や協議をする場面が非常に多くなります。そうした時、それぞれが使う地域福祉という言葉の意味がズレたままではコミュニケーションに齟齬が生じかねません。地域福祉行政における実務遂行の土台づくりとして、まずは地域福祉の意味とそのバリエーションやグラデーションをしっかりと掴んでおくことが大切です。

3　地域福祉はなにをめざすのか ―キーワードとしての「社会的包摂」―

　「地域福祉」という言葉がどのような意味を持つのかについては多様なとらえ方がありますが、まず大事なのは地域福祉とは何を目指す営みなのか、つまり地域福祉推進の目的は何かを理解することです。

　地域福祉の目的は何かを考える時に、覚えておくと便利なキーワードが「社会的包摂（social inclusion）」です。福祉業界になじみがない方には聞きなれない言葉かもしれませんが、これは地域福祉だけでなく、近年の日本の社会福祉全体を貫く考え方のひとつです。特に地域福祉行政実務におけるもっとも重要な関係法令である、社会福祉法においても基本理念として位置付けられているのがこの「社会的包摂」です。

　我が国の法律上に「地域福祉」という用語が登場したのは、2000年の社会福祉法の制定（社会福祉事業法の改正・改称）以降のことです。社会福祉法第4条では、地域住民や福祉関係者は「福祉サービスを必要とする地域住民が地域社会を構成する一員として日常生活を営み、社会、経済、文化その他あらゆる分野の活動に参加する機会が確保されるように地域福祉の推進に努めなければならない」とされています。つまり、歳をとっても障害を持っていても、生活に困窮したとしても、地域を構成するメンバーとして他の住民と同じように社会参加できるようにすること、それができる地域社会をつくることが「社会的包摂」の意味であり、地域福祉推進の目的ということになります。

4 地域福祉をとらえる視点

（1）地域福祉の定義

　さて、上記の目的を踏まえたうえで、改めて地域福祉とは何かについて考えてみたいと思います。地域福祉の定義については、辞書的なものや学術的なものも含めて様々なものがあります。

　例えば、広辞苑の「地域福祉」の項では「自治体や地域住民・民間団体が連携しながら、地域を単位として福祉問題をとりあげ、その解決を目指す総合的な施策と実践活動」（第7版）と説明されています。また、社会福祉学の専門事典である『エンサイクロペディア社会福祉学』には「地域福祉とは自立支援が困難な個人や家族が、地域において自立生活ができるよう必要なサービスを提供することであり、そのために必要な物理的・精神的環境醸成を図るとともに、社会資源の活用、社会福祉制度の確立、福祉教育の展開を総合的に行う活動」と書かれています（25頁）。さらに、社会福祉の専門職養成課程で用いられている教科書には「困難な状況に置かれている地域住民の生活上の課題解決（ニーズ充足）に向けて支援を展開することに加えて、「新たな質の地域を形成していく内発性」（住民の主体性）を基本要件として、地域を舞台に（＝地域性）、そこで暮らす住民自身が私的な利害を超えて共同して公共的な課題に取り組むことで（＝共同性〜公共性）、より暮らしやすいような地域社会にしていくこと、あるいはそのような地域に舞台としての地域そのものを変えていくこと（改革性）」といった定義が掲載されています（松端2021：131-132）。

　これらの定義を眺めると、①一定の地域を単位とした、②福祉課題

の解決（ニーズ充足）を図る制度・政策、③福祉課題解決をサービス、④住民による主体的・共同的な活動、それらを通じた、⑤誰もが暮らしやすい地域社会づくり、といった特徴がおぼろげながら見えてきます。

　一方で、やや抽象的でどこかスッキリしない、いまひとつよくわからない、とモヤモヤした気持ちになる人もいるのではないでしょうか。なぜモヤモヤするのか。それは、地域福祉という言葉にはそれぞれ異なるいくつかのバージョンがあり、それを明確に意識しないと考え方が「ごちゃごちゃ」になってしまうからです。以下ではその「ごちゃごちゃ」を整理するための視点を紹介します。

（2）「制度的福祉」と「自発的福祉」

　初学者の方が、ひとまず知っておくと便利なのが「制度的福祉」と「自発的福祉」という枠組みです。

　「制度的福祉」とは法制度に基づく社会福祉のことです。例えば、介護保険制度や障害者総合支援法、生活困窮者自立支援法などに規定された事業やサービスの多くは、今日、地域を基盤として実施・提供されています。そうした法制度に基づく地域を基盤とした社会福祉が、「制度的福祉としての地域福祉」ということになります。これは場合によってはフォーマルサービスという言葉で呼ばれることもあります。

　次に「自発的福祉」とは、法制度に拠らない、市民・住民の自発性に基づいた社会福祉のことです。近隣住民による助け合いや見守りといった住民福祉活動、あるいはボランティアグループやNPO等による制度外のサービスなどは「自発的福祉としての地域福祉」ということになります。これはインフォーマルサービスとも呼ばれます。

　永田（2021）は、「大まかにいえば、地域福祉の概念は『自発的社

会福祉』を基盤としつつ『法律による社会福祉と自発的社会福祉の協働』によって成立する概念だといえる」（永田2021：18）と述べています[1]。つまり「地域福祉」といった場合、〈制度的な地域福祉〉と、〈自発的な地域福祉〉があり、地域福祉は、この2つの〈地域福祉〉から構成される、あるいはその協働によって成立するというとらえ方です。

　図表1-1は、永田による説明を参考に、「制度的福祉」と「自発的福祉」から構成される地域福祉のイメージを図にしたものです。

図表1-1　制度的福祉と自発的福祉の協働としての地域福祉

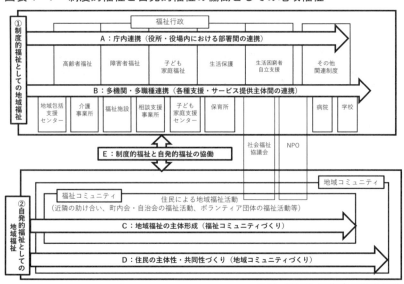

永田（2021）を参考に筆者作成

ア　制度的福祉における2つの連携

　図表1-1の上の方にある大きな枠は①「制度的福祉」としての地域福祉の領域、下の方の大きな枠は②「自発的福祉」としての地域福祉の領域です。「制度的福祉」としての地域福祉の領域では、行政機構（役所等）における福祉やその他の部署も含めたヨコの連携（図中

の「Ａ：庁内連携」）と、民間組織も含む専門機関・専門職間のヨコ
の連携（図中の「Ｂ：多機関・多職種連携」）という２つの連携を内
包しています。

　なお、社会福祉協議会とNPOが、上下の枠にまたがっているのは、
この二者は特に制度的福祉と自発的福祉の両方にまたがる性格が強い
ことを表わしています。

イ　自発的福祉における２つのコミュニティづくり

　「自発的福祉」としての地域福祉の領域は、その中核に住民同士の
支え合いや町内会・自治会やボランティア団体等による福祉活動があ
ります。こうした福祉活動に関わる住民のつながりを「福祉コミュニ
ティ」と呼びます。そしてその「福祉コミュニティ」は、主体性・共
同性を持った地域住民の基礎的なつながり、すなわち「地域コミュニ
ティ」がその土台となっています。

　図中のＣの矢印「地域福祉の主体形成（福祉コミュニティづくり）」
は、地域福祉に関心を持ち、また実際の活動に取り組む住民のヨコの
つながりを示しています。また、Ｄの矢印「住民の主体性・共同性づ
くり（地域コミュニティづくり）」は、より幅広い一般的な住民同士
のつながりです。このように、「自発的福祉」としての地域福祉は、「福
祉コミュニティ」づくりと、より一般的な「地域コミュニティづくり」
という２つのコミュニティづくりを内包しているのです。

ウ　制度的福祉と自発的福祉の協働としての地域福祉

　そして、Ｅの矢印は先に説明した「制度的福祉と自発的福祉の協働」
を表しています。このＥの矢印によって、「制度的福祉」と「自発的
福祉」が架橋されたものが、地域福祉の全体像ということになります。

（3）「地域における福祉」と「地域による福祉」

　地域福祉を理解するための視点として、もうひとつ紹介したいのが「地域における福祉（Care in the community）」と「地域による福祉（Care by the community）」という考え方です。これはもともとイギリスのコミュニティケア政策をめぐる議論のなかで提起されたもの（中野1980）ですが、日本における地域福祉のあり方を考えるうえでも有用です。具体的には地域福祉を、①「地域のなかで福祉課題を解決する＝地域における福祉」と、②「地域住民の主体的な共同の力によって福祉課題を解決する＝地域による福祉」という２つの視点から理解しようとするものです。

ア　「地域における福祉」の視点

　まず「地域における福祉」という視点について見てみましょう。かつて、日本に限らず、欧米諸国においても障害者や要介護高齢者などを、もともと暮らしていた家や地域から切り離し、人里離れた入所施設に収容してケアを提供すること（Care out of the community）を基本とした時代がありました。しかし1950年代後半、デンマークの知的障害者の親たちが中心となって、障害があっても地域外の施設に収容するのではなく、地域で「普通の（normal）暮らし」ができるようにすべきとする「ノーマライゼーション」の運動が起こりました。そしてその影響も受けながら、イギリスで、住み慣れた地域におけるケアを基本とする「コミュニティケア」の考え方が発展してきました。日本でも1970年代の前後にこの「コミュニティケア」の考え方が紹介されるようになり、80〜90年代を通じて、「在宅福祉サービス」の制度化、法定化という形で政策的にも具体化していきました。90年代半

ばからの、いわゆる「社会福祉基礎構造改革」のなかでも「施設から在宅へ」がスローガンのひとつとされました。その後、地方自治体による福祉関連計画（老人保健福祉計画や障害者福祉関連計画、子育て関連計画等）の策定や介護保険法の登場などによって国の社会福祉制度全体が地域を基盤としたサービスに作り変えられて現在に至っています。現在では、施設ケアにおいてもできるだけ「地域」や「在宅」に近い暮らしを実現しようとすることがスタンダードになっています。

　地域福祉を、前述のような「地域で発生した福祉課題やニーズを地域の外ではなく、地域の中で解決・充足することを志向する福祉」としてとらえるのが「地域における福祉」という視点です。

イ　「地域による福祉」の視点

　一方で、地域福祉の領域では、福祉サービスやその供給システムが地域を基盤とするものに変化しただけでは「地域福祉」と呼ぶことはできないと考えられています。地域福祉の地域福祉たるゆえん、そのもっとも重要な要素とされるのが「住民主体」あるいは「住民自治」です。つまり、地域住民が主体的に自分たちの地域の福祉課題と資源を知り、協議し、解決のため共同行動に取り組むことを地域福祉の基盤的な要素としてとらえる視点です。これが「地域住民の共同の力による福祉課題の解決＝地域による福祉」です。前に説明した「自発的福祉」はこの「地域による福祉」と同じ意味になります。

　日本で社会福祉制度が成立したのは第二次世界大戦後のことですが、それ以前、つまり「制度的福祉」がなかったころは、生活上の困りごとを抱えた場合、まずは家族・親族内で解決することが基本でした。そして家族では対応しきれない問題については、地域社会の助け合い（隣保相扶）の仕組みによって解決が図られてきました。また、

日本では明治後期〜大正期にかけて活発化したセツルメントをはじめとする民間福祉活動の多くも一定地域を単位とした生活改善運動や地域コミュニティづくりとして取り組まれていました。地域福祉の源流には住民主体、あるいは民間福祉活動としての「地域による福祉」があったということです。

　また戦後整備された「制度的福祉」においては、その中心は生活保護と施設ケアであり、在宅福祉や地域福祉といった視点を欠いていました。日本の「制度的福祉」において地域が意識されるようになったのは、高度経済成長によって社会経済に大きな変化が生じた1970年代以降のことです。そして本格的に「制度的福祉」が地域を志向するようになったのは2000年以降のこととされています（武川2006）。要するに、日本において、地域福祉は住民の主体的な活動や、社協をはじめとした民間団体による活動の方が歴史は長く、「制度的福祉」としての地域福祉が登場してきたのはごく最近の話とも言えるのです。

　以上のことをまとめましょう。まず、地域福祉の起源はもともと地域住民や民間福祉団体による「自発的福祉」にありました。しかし1970年代以降、「制度的福祉」においてもその視点が取り込まれていき、現在は日本の「制度的福祉」全体が地域を志向したもの（「地域における福祉」）になりました。結果として、日本における地域福祉は住民福祉活動をはじめとした〈自発的（非制度的）な地域福祉〉と、行政や専門機関による〈制度的な地域福祉〉をドッキングしたものとしてとらえられるようになっているのです。

（4）地域福祉のグラデーション

　上記のような地域福祉のとらえ方を踏まえ、行政職員として頭に入れておくべき地域福祉という言葉の意味のバリエーションとグラデーションを示すと図表1-2のようになります。

図表1-2　「地域福祉」の意味のバリエーションとグラデーション

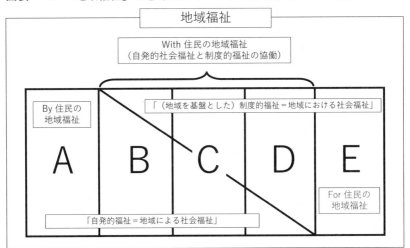

永田（2021）、西川（2021）、山岡・早瀬ほか（2005）などを参考に筆者作成

　A～Eはいずれも「地域における福祉」ですが、その主体がどこにあるかによって、「誰による福祉か」によってグラデーションが生じることを表しています。

　一番左の「A」は住民が主体となった「住民による（By住民の）地域福祉」であり、この部分がもともとの地域福祉（自発的福祉）です。そして一番右側の「E」は法律に基づく「制度的福祉」としての地域福祉です。この場合、主体は行政や専門職で、住民はサービスの対象（受け手）ですから、Eは「住民のための（For住民の）地域福祉」

と言えます。間にあるＢ・Ｃ・Ｄは「自発的福祉」と「制度的福祉」の「連携・協働による（With住民の）地域福祉」です。ここには斜めに線が入っていますが、これは住民主体の地域福祉と制度的な地域福祉のどちらがより主導的なのかを表します。すなわちＢは住民が主導でそこに「制度的福祉」が協力・支援する地域福祉、Ｃは住民主体と制度の対等な協働による地域福祉、Ｄは「制度的福祉」に住民が協力・参画する地域福祉ということになります。この図で言えば明確に「住民主体」と呼べるのはＡとＢまでです。Ｄは「制度主導型」、場合によっては「住民動員型」の地域福祉と言ってもよいかもしれません。

　近年の地域福祉関連の行政実務においては、図で言えばＣのような対等な立場での連携・協働の地域福祉の仕組みづくりが求められています。また「住民主体」と言いながらＤのような動員型の地域福祉が展開され、住民に「やらされ感」が募るといったことも地域福祉にありがちなことのひとつと言えます。

　地域福祉とは地域を基盤とした福祉関連サービスを整えていく、という意味を超えて、住民による主体的・共同的な地域づくり、あるいは地域変革の取組として見た時、その真の価値をとらえることができます。自治体の福祉行政においても、地域福祉を単に「地域におけるケアやサービス提供」としてのみとらえるのではなく、福祉課題を軸とした住民による自治的・主体的な「地域づくり」であるという点をおさえる必要があります。

5 「自助」「互助」「共助」「公助」論に ご用心！

　さて、地域福祉を考える際のキーワードとして、「自助」「互助」「共助」「公助」（以下「四助論」）について述べておきたいと思います。四助論は多くの場合、なにか困ったことがあった時に適用される「援助主体の種別・順序」の意味で用いられます。「自助」は「自助努力」という言葉もあるとおり、「自分で何とかする」ことです。「互助」は家族親族、あるいは地域社会といったインフォーマルな関係性を通じた「支え合い」や「助け合い」の意味で使われます。「共助」は「互助」と似ているので少しわかりにくいですが、近年の政府文書等では「介護保険等に代表される社会保険及びサービス」と説明されています。介護保険や健康保険に代表される社会保険は、国民が保険料を拠出し合ってリスクに備えるもので、広い意味での「助け合い」の仕組み（制度）とも言えます。特に2000年代半ば以降、こうした社会保険制度を通じた援助を「共助」と呼ぶことが多くなっています。最後の「公助」は公的な援助、具体的には生活保護に代表される税金を財源とした公的責任に基づく支援です。

　近年、地域福祉推進のキーワードとしてこの四助論が頻繁に用いられるようになっています。特に行政や社協職員が住民に対して「高齢者が増加する一方で、介護福祉財政は厳しくなっています。制度（公助）にも限界があるので、地域での支え合い（互助）を強化していきましょう」というような形で話す場面を多く見かけます。要するに、「公助の限界⇒公助の補完としての互助の強化＝地域福祉の推進」というストーリーです。

　こうした論法に対してはすでに様々な問題点が指摘されています

が[2]、これから地域福祉行政の仕事をされる皆さんに改めてお伝えしたいのは、「その論法ではうまくいかない」ということです。地域福祉行政においては、より多くの地域住民が地域福祉活動に参加するための条件や環境を考えていくことが重要になります。地域福祉の裾野を広げていく時に「制度的福祉には限界がありますので、その穴埋めをしましょう」と言って「なるほど、よしやるぞ！」と思ってくれる住民がどのくらいいるでしょうか。あなた自身は、もし自分がそういう声掛けをされたら「ぜひ参加したいな」と思うでしょうか。もちろん、なかには福祉に対する理解や強い使命感を持って参加してくれる人もいるかもしれませんが、おそらくそういう人は地域の中では少数派です。その意味で、コミュニティデザイン（第5章5節参照）という視点から地域福祉にアプローチしている山崎亮氏の「地域福祉における住民参加の呼びかけは『正しさ』を前面に出していることが多い。『大変申し訳ないが、正しすぎて参加する気がしない』のだ」という言葉は傾聴に値します（山崎2019：39）。「高齢化で財源が厳しいから制度の限界を埋めるために地域で助け合いましょう」というのは「正論」かもしれませんが、参加してほしい大多数の「普通の住民」にはあまり響かないということを知っておく必要があります。

　また、より本質的には、住民による自発的福祉の価値を、もっぱら「公助の補完」という観点からしか語れないということは、自発的福祉を「安上りなサービスの下請け先」としてとらえることにつながりかねないという問題もあります。自発的福祉にはそれを通じてしか実現できない独自の意味や価値があるからそれを推進するのだ、ということを地域福祉行政における基本姿勢としていただきたいと思います。

6　第1章のまとめ ―地域福祉の位置付け―

　本章では、特に新たに地域福祉の仕事に就かれることとなった行政職員の皆さんに、地域福祉の基本的なとらえ方、自治体の福祉行政における地域福祉の位置付け等について解説してきました。改めてその要点を列挙するならば、以下のようになります。

①地域福祉行政担当部署は、「タテワリからヨコツナギへ」という近年の福祉政策の動向を自治体レベルでけん引していく存在である

②地域福祉とは、制度的福祉と自発的福祉の協働による、地域を基盤とした社会福祉である

③地域福祉は、「地域による福祉」を土台とする、「地域における福祉」の推進を通じた、だれもが安心して暮らせる地域づくりである

　いかがだったでしょうか。なんとなく地域福祉のイメージがつかめたでしょうか。第2章以降では、さらに詳しい地域福祉に関するキーワードの解説や実際の地域福祉行政実務の事例も交えて、地域福祉行政の仕事をするうえで押さえておきたいポイントを紹介していきます。

注

1　永田（2021）は、法律による福祉を「制度福祉」、自発性に基づく福祉を「自発的社会福祉」として整理していますが、本章ではわかりやすさを優先して、前者を「制度的福祉」、後者を「自発的福祉」として説明しています。

2　例えば、里見（2013）は、2000年代以前は、「自助・共助・公助」の3つで、「自助＝自助努力」、「共助＝地域の支え合い」、「公助＝社会保障」という意味で用いられていたものが、2000年代半ば以降「公助＝生活保護、社会福祉」、「共助＝社会保険」という公助の切り分けがなされたことを指摘しています。つまりそれまで「公助」とされてきたものの大部分が「共助（社会保険）」として切り出された結果、「公助」の守備範囲を大幅に縮小させることにつながるロジックであることを批判しています。

　　また奥田（2020）は、「『助の序列化』は、一見わかりやすいが実は『空論』だ。（中略）『最後のセーフティーネット』では遅いのだ。そもそも『公助』が、その前に存在する『自助』や『共助』というダムが『決壊すること』を前提に想定されていること自体が問題なのだ。（中略）本当に『自助』を尊重したいのなら、『自助』と『共助』、特に『公助』が並行的に機能しなければならない」と述べて、適用される「援助の順序」という考え方自体を批判しています。

引用・参考文献

岡村重夫『地域福祉論』光生館、（2009）

奥田知志「菅さん。「まずは自分でやってみる」からではないですよ　社会をミスリードしかねない「自助、共助、公序」。必要なのは「社会」を取り戻

すこと」朝日新聞社『論座』（ウェブ）2020年9月29日

里見賢治「厚生労働省の『自助・共助・公助』の特異な新解釈：問われる研究者の理論的・政策的感度」社会政策学会誌『社会政策』第5巻第2号、（2013）、1-4頁

スーザン・エリス著、筒井のり子、森本友美、妻鹿ふみ子訳『なぜボランティアか？―「思い」を生かすNPOの人づくり戦略』海象社、（2001）

武川正吾『地域福祉の主流化　福祉国家と市民社会Ⅲ』法律文化社、（2006）

永田裕『包括的な支援体制のガバナンス―実践と政策をつなぐ市町村福祉行政の展開　新たな生活困難に立ち向かう支援の仕組みとは』有斐閣、（2021）

中野いく子「地域福祉の理論的枠組に関する一考察」国立社会保障・人口問題研究所『季刊社会保障研究』Vol.15、No.4、（1980）、43-51頁

仲村優一、一番ヶ瀬康子、右田紀久恵＝監修／岡本民夫・田端光美・濱野一郎・古川孝順・宮田和明＝編集『エンサイクロペディア社会福祉学』中央法規、（2007）

西川正『岩手県社会福祉研修　特定課題研修：コミュニティワーク研修資料』岩手県立大学社会福祉学部、（2021）

松端克文「地域福祉の概念と理論」社会福祉学習双書編集委員会『社会福祉学習双書2021　第8巻　地域福祉と包括的支援体制』全国社会福祉協議会、（2021）、118-132頁

山岡義典・早瀬昇ほか『NPO基礎講座（新版）』ぎょうせい、（2005）

山崎亮「コミュニティを拓く新たな参加論」日本地域福祉研究所＝監修/宮城孝・菱沼幹男・大橋謙策＝編集『コミュニティソーシャルワークの新たな展開』中央法規、（2019）、38-54頁

第2章

地域福祉の仕事

1 地域福祉計画の策定業務

（1）地域福祉計画の位置付け

　2018年４月の社会福祉法の一部改正により、地域福祉計画の策定は任意から努力義務となりました。加えて「地域における高齢者の福祉、障害者の福祉、児童の福祉その他の福祉の各分野における共通的な事項」を記載するいわゆる「上位計画」として位置付けられ、第106条の３第１項各号で規定する「包括的な支援体制の整備に係る事業に関する事項」が計画に盛り込むべき事項として新たに追加されました。

　上記の改正を踏まえ、地域福祉計画に盛り込むべき事項としては以下の５点が挙げられます。

　①地域における高齢者の福祉、障害者の福祉、児童の福祉その他の福祉に関し、共通して取り組むべき事項

　②地域における福祉サービスの適切な利用の促進に関する事項

　③地域における社会福祉を目的とする事業の健全な発達に関する事項

　④地域福祉に関する活動への住民の参加の促進に関する事項

　⑤包括的な支援体制の整備に関する事項

　本節では、地域福祉計画の策定業務を担当することになった方や、連携部署の担当者として携わることになった方等に理解してほしい視点について述べていきます。

（2）地域福祉計画策定業務の実際

ア　策定（改定）に向けた方針やスケジュールの検討

　地域福祉計画を策定するにあたって、まずは自治体としての方針やスケジュールを検討します。その際の留意事項として、①総合計画や分野別計画、既存施策との関係性を踏まえた策定期間の設定、②社会福祉協議会が策定する地域福祉活動計画との関係性、③外部委託の範囲の検討、④スケジュールの検討が挙げられます（図表2-1参照）。

　①については、地域福祉計画の策定期間はおおむね5年間とされており（「市町村の地域福祉計画及び都道府県地域福祉支援計画策定指針の在り方について」）、すでに地域福祉計画を策定している自治体のうち約75％が5年を1期としています（2020年4月1日現在）。その一方で、地域福祉計画がいわゆる上位計画あるいは基盤計画として位置付けられたことや、包括的な支援体制の整備に関する施策を計画に盛り込むことなどを鑑みると、前計画の策定期間中であっても前倒しで策定することや、分野別計画の策定期間と合わせて設定するなど、自治体によって様々なケースが想定されます。

　②については、2020年4月1日時点で地域福祉計画を策定している1,405市町村のうち、47.4％の自治体が地域福祉活動計画と連動させて（整合性を図って）おり、「一体的に策定している」「課題把握、ニーズ調査は一体的に行っている」「連動させて策定している（整合性を図っている）」のいずれか1つを実施している市町村は910市町村（64.8％）となっています。「一体的策定」と一口に言っても、策定時期、事務局やワーキングチームの組織化、計画の冊子自体の一体化など、多くの検討事項があります。行政の責任や理念、現状や目指すべき政策の方向性を記載する地域福祉計画と、地域福祉を展開するう

図表２- １　地域福祉計画の策定・改定のプロセス（イメージ）

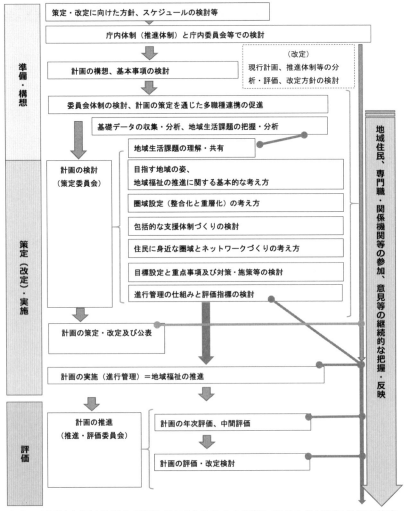

出典：全国社会福祉協議会（2019）「地域共生社会の実現に向けた地域福祉計画の策定・改定ハンドブック」p.38より筆者一部改変

えで具体的な行動指針となる地域福祉活動計画の整合性を図ることが望ましいですが、そのためには現状を把握し今後の方向性を十分に検討する必要があります。

　③コンサルタント等への計画の外部委託については、「市町村地域福祉計画及び都道府県地域福祉支援計画策定指針の在り方について（一人ひとりの地域住民への訴え）」の中で「地域福祉計画はステレオタイプで形式的なものに留まるものではなく、加えて、外部のコンサルタント会社に策定を請け負わせるようなことがあってはならないことは当然である」と述べられ、現在においてもその考え方を踏襲しています。例えば必要に応じてアンケート調査を実施した際の分析など、計画の一部を委託することはあっても、その他の部分については事務局及び連携部署のメンバーが協力しながら作成することが望まれます。

　④スケジュールについては、策定委員会やワーキングチームの開催、アンケートや住民懇談会の実施、議会説明やパブリックコメントの反映など、多岐に渡る調整が必要となります。また、策定委員会での議論の進捗状況によっては予定より会議の回数が増えることも考えられます。計画の完成時期から逆算し、できるだけ余裕を持って関係各所と調整することが望ましいでしょう。

イ　推進体制の検討

　計画を策定するにあたり、事務局内で前回計画の体制や内容を評価したり、新しい体制づくりの方向性を検討したりすることになります。地域福祉の推進や包括的な支援体制の整備に向けて事務局を組織していく際には、地域生活課題に関わる多様な部局の担当者で構成されることが望ましいと考えられます。また従来の計画よりも幅広い部局の参画が必要になることから、地域福祉や地域共生社会の理解を目的とした勉強会を開き、庁内での認識を共有するという取組を行った自治体もあります。

　加えて市町村が福祉事務所、保健所、保健センター等を設置している場合には、地域福祉計画の策定体制にこれらの組織や職員が積極的に参加することが基本とされています。特に社会福祉士や保健師等の地域活動の展開方法や技術に係る専門職が中核的な役割を担うことが望まれています。

　推進体制を検討する際には、事務局の中で誰が原案作成を担当するのかなど、実働内容についても役割分担をしておく必要があります。

ウ　策定委員会体制の検討

　策定委員会体制については、ガイドラインの中で、「地域福祉計画の策定に当たっては、市町村の地域福祉担当部局に地域福祉推進役としての地域住民、学識経験者、福祉・保健・医療関係者、民生委員・児童委員、市町村職員等が参加する、例えば地域福祉計画策定委員会のような策定組織を設置することが考えられる」と記載されています。策定委員の選出にあたっては、可能な限り年齢や性別などの属性に偏りが生じないよう工夫することが重要です。例えば、福祉と就労の連携意識を強く持つ自治体では、新たに公共職業安定所（ハローワーク）の職員を委員に任命したり、各福祉団体の代表ではなく実働を担う担当者を選んだりするなど、慣例にしばられず、自治体として志向する地域福祉のあり方をふまえ、委員を選定するところもあります。

　同じくガイドラインでは「地域福祉計画策定委員会は、必要に応じて適宜、委員以外のその他の関連する専門家、地域生活課題に精通し地域福祉に関心の深い者、その他関係者等の意見を聞くことや、委員を公募するなど、住民等が計画策定に積極的に関わることができる機会を確保することが適当である」とし、その対象として地域住民、当事者団体、町内会・自治会、地縁型組織等、一般企業、商店街等、民

生委員・児童委員、福祉委員等、ボランティア、ボランティア団体、特定非営利活動法人（NPO）、住民参加型在宅福祉サービス団体等、農業協同組合、消費生活協同組合、社会福祉法人、地区（校区）社会福祉協議会等、保健・医療・福祉等の専門職（専門機関）、福祉関連民間事業者（シルバーサービス事業者等）、その他の諸団体を挙げています。策定委員会の開催以外にも、圏域ごとの住民懇談会やワークショップなどを実施し、できる限り多様な地域住民の意見を計画に反映できるよう方策を検討することが必要です。その際の工夫として、開催時間帯、曜日、会場の設定やツールの活用が挙げられます。例えばアンケートのみでは意見の反映が難しい子どもや障害当事者、地域との関わりが比較的薄い青壮年層、他言語でのコミュニケーションが必要な外国籍の住民に関しては、アウトリーチ型の方法等でヒアリングする事が期待されます。

エ　策定委員会の開催

　策定委員会の中では、主に①地域生活課題の理解・共有、②目指す地域の姿、地域福祉の推進に関する基本的な考え方、③圏域設定（整合化と重層化）の考え方、④包括的な支援体制づくりの検討、⑤住民に身近な圏域とネットワークづくりの考え方、⑥目標設定と重点事項及び対策・施策等の検討、⑦進行管理の仕組みと評価指標の検討について話し合われます（図表2-1参照）。委員会では適宜事務局から①〜⑦に関して事前に庁内で検討された内容について報告があり、それに対して委員から意見が出されたり、委員自らの地域に対する問題意識から議論が起こったりします。事務局担当者は、可能であれば委員長と事前に内容の打ち合わせを行い、委員会当日はできるだけ多くの委員の意見を聞けるような進行が望まれます。

　また、地域福祉計画の策定過程自体が、自治体あるいは圏域ごとの地域福祉を推進するプロセスの一環であるととらえる視点が必要です。計画策定の場で話し合われたことが自治体としての地域福祉政策や施策に反映されたり、住民団体や社会福祉法人の活動として展開したりする可能性もあるため、委員会とは別に作業部会などの組織を置き、地域福祉計画に関わる地域住民をさらに増やすことも方法の1つです。加えて委員会は原則公開とし、傍聴の仕組みを検討しておくことが必要です。自治体によっては、策定委員会の議事録をホームページ上で公開しているところもあります。

　これから地域福祉計画を策定・改定するうえで特に重要な事項としては、④包括的な支援体制づくりの検討や、⑦進行管理の仕組みと評価指標の検討があげられます。④は2020年の社会福祉法第107条改正で「市町村地域福祉計画において、地域生活課題の解決に資する支援が包括的に提供される体制の整備に関する事項を定めるよう努めるものとすること」という文言が新たに追加されたことで、重層的相談体制整備事業の内容や今後実施する場合の方向性について計画の中に明記する必要があります。そして⑦についても、2018年の社会福祉法改正時に自治体の責任として規定されました。評価の方法についても、可能な限り計画策定時点で内容に盛り込めるよう、策定委員会の中で検討するとよいでしょう。

オ　計画の実施・評価と次期計画に向けて

　計画が完成したら、最も重要な推進・実践のフェーズに移ります。計画作成に携わった関係者のみならず、地域住民に計画内容を周知するために様々な方策を検討する必要があります。ホームページに計画のPDFデータを公表したり、広報に概要版や策定報告を掲載したりす

るのが一般的ですが、例えば小さな圏域ごとの懇談会で内容説明を行うなど、住民に直接情報を届けるような工夫が大切です。

　また庁内でも周知を図り、計画に基づいた施策の実施や目標設定の共有を行います。地域福祉活動計画を一体的に策定した場合は、住民への周知や施策の実施状況や達成度などを社会福祉協議会の担当者と共有する機会を設けることが必要です。

　加えて計画の実施段階では、施策や目標の点検・評価作業を行います。策定担当者を中心に庁内で評価する場合や評価委員会を開く場合などがありますが、計画策定時に人選や頻度について決めておく必要があります。策定委員がそのまま評価委員となるのか、それとも新たにメンバーを選ぶのかは、自治体によって異なります。策定期間中に法改正や地域の状況・組織の変化が生じ、施策の中で強化するもの、縮小・廃止するものが出てくる可能性もあります。そのような場合には、計画の一部改訂を行うかなどの方針を検討していくことになります。

　地域福祉は、その波及や効果が数値のみでは測れないところに難しさと面白さがあります。ガイドラインの中で「評価の際には、相談件数等の定量的な変化やうまく進んでいないことのみに着目するのではなく、支援を必要とする者や支援者等、地域住民や関係機関の意識や行動にどれほどの変化を与えたのか、地域にどれほどの変化を与えたのか、連携がどれほどまでに動くようになったのか等、直接的な成果として得られてきたものやその広がり（影響）にも着目し、そこを伸ばしていくという視点も重要である」と述べられているとおり、タスクゴールのほかにも、プロセスゴールやリレーションシップゴールについても意識を向け、地域福祉を推進していく必要があります。

カ　地域共生社会を築いていくツールとして

　原田（2019）は「包括的支援体制を構築していくための改正地域福祉計画では、『住民参加』だけの策定では不十分である。先述したようなシステムを構築していくためには、少なくても『住民参加』に加えて、『専門職参加』と『職員参加』が必要になる。（中略）大事なことは、地域福祉計画を策定するという過程を通して、地域福祉を推進するプラットフォームを構築していくことである。そのための『参加』である。かつ、ただ参加して終わるのではなく、構築されたプラットフォームによって、計画推進に向けて新しい支援や社会資源開発などが活性化できるように協働していかなければならない。すなわち協働をつくるための参加である」と述べています。

　計画の策定が目的化されることなく、真の意味で地域共生社会を築いていくためのツールとして、地域福祉計画が策定されることが望まれます。

引用・参考文献

・原田正樹「社会福祉法の改正と新地域福祉計画の位置」『地域福祉政策論』学文社、(2019)

・全国社会福祉協議会「地域共生社会の実現に向けた地域福祉計画の策定・改定ハンドブック」、(2019)

・厚生労働省平成31年度市町村地域福祉計画策定状況等の調査結果概要
https://www.mhlw.go.jp/content/000657610.pdf

・「地域共生社会の実現に向けた地域福祉の推進について」（平成29年12月12日局長通知）
https://www.mhlw.go.jp/file/06-Seisakujouhou-12600000-Seisakutoukatsukan/0000189728.pdf

・社会保障審議会福祉部会「市町村地域福祉計画及び都道府県地域福祉支援計画策定指針の在り方について（一人ひとりの地域住民への訴え）」（平成14年1月28日）

2　民生委員・児童委員関連業務

（1）民生委員・児童委員の概要

ア　民生委員・児童委員—地域の身近な相談役

　民生委員は、住民の立場に立って相談に応じたり、地域福祉活動を展開して住みよい地域づくりに貢献したりするボランティアです。民生委員法に規定され、都道府県知事の推薦を受けて厚生労働大臣により委嘱される特別職の地方公務員であることから、「行政委嘱ボランティア」とも言われます。民生委員は、児童福祉法の規定により児童委員を兼務することとなっているため、正式には「民生委員・児童委員」と呼びます。さらに、児童委員のなかから主任児童委員を選任することとなっています。

　民生委員・児童委員は、各自が担当の地域をもち、その地域内の子どもからお年寄りまで、幅広く住民の支援を担っています。その活動は、住民の福祉に関する相談に応じることや福祉サービスの窓口につなぐこと、高齢者や障害者の安否確認や見守りのための訪問活動、福祉サービスの周知や調査への協力などの行政等への協力活動、災害時の支援活動など多岐にわたります。また、主任児童委員に選任されると、地域担当を持たず、各地区担当の児童委員と協力し、行政と連携を図りながら、子どもの福祉に関する活動を担うことになります。

　制度発足から100年を迎えた民生委員は、常に時代の社会問題に対応してきました。現代では、たとえばゴミ屋敷などの社会的孤立問題や生活困窮者支援、障害者の自立生活支援、子育て支援などの社会問題に、住民の立場から向き合い、活動しています。

イ　制度の歴史

　民生委員の起源は大正時代に遡ります。1917年、岡山県で発足した済世顧問制度がそのルーツのひとつです。これは岡山県知事であった笠井信一により創設されました。

　翌1918年には、もうひとつのルーツである方面委員制度が大阪府で発足します。大阪府知事であった林市蔵が、法学者・小河滋次郎とともに創設した制度です。「方面」は「地域」を意味しています。方面委員は、現在の民生委員・児童委員のように担当地域をもち、その地域内の状況をとらえて、救貧・防貧活動を担いました。

　第一次世界大戦が終わると、慢性的な不況により、国民の窮乏が社会問題となりました。当時の救貧制度として、明治時代に制定された恤救規則（1874年）がありましたが、その救済対象が限定的であることから、あらたな救貧制度が求められました。全国各地で活動していた方面委員たちも、救貧制度の立法化運動を進めました。それが結実したのが1929年に制定された救護法です（施行は1932年）。救護法では、行政の補助機関として救護委員が置かれることとなり、その救護委員を全国の方面委員が兼ねることになりました。そこで、方面委員を全国統一の制度として運用することとし1936年に方面委員令が公布されました。

　太平洋戦争後は、1946年に方面委員から民生委員に改称されました。1947年には児童福祉法が制定され、民生委員が児童委員を兼務することが規定されました。翌1948年には民生委員法が成立し、その推薦の仕組みや委員の資格要件、任期などが定められました。戦後の混乱期、苦しい生活を強いられた国民に寄り添いその生活を支えるために、民生委員制度が確立されていきました。

　2000年に民生委員法が大きく改正されました。そこでは、民生委員

の性格が「住民の立場に立った相談、援助者」とされ、「住民の福祉
の増進を図るための活動を行う」ことが明示されました。同年に改正・
成立した社会福祉法において「地域福祉の推進」が掲げられたことを
背景に、民生委員は、地域福祉の担い手として大きな期待を寄せられ
ています。

ウ　民生委員児童委員協議会

　すべての民生委員は「民生委員児童委員協議会（民児協）」に所属
します。民児協は一定区域ごとに組織されています（図表2-2）。民
児協では、民生委員の担当地区を決めたり、活動に関する意見交換や
行政からの伝達事項の報告、子どもや高齢者、低所得などの課題別部
会活動などが行われています。また、個々の民生委員活動や民児協活
動を通してとらえられた福祉課題への対応策について、行政機関に対
して意見具申をすることができます（民生委員法第24条）。

図表2-2　民児協の組織構成

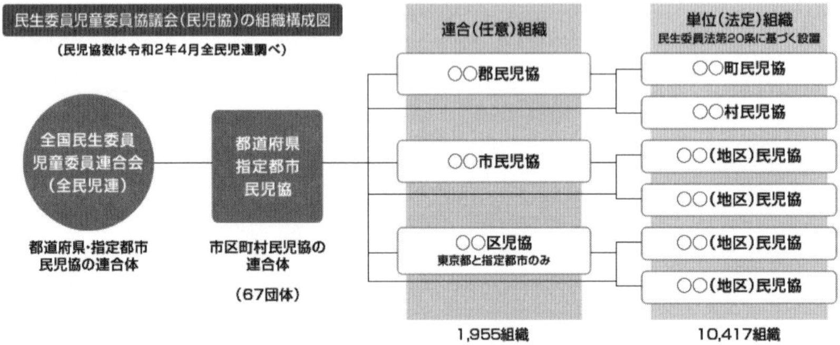

出典：全国民生委員児童委員連合会HP

（2）民生委員・児童委員の現状と実際

ア　推薦の仕組み

　民生委員は、都道府県知事の推薦を受けて厚生労働大臣により委嘱されます（民生委員法第5条）。そして、「社会奉仕の精神をもつて、常に住民の立場に立つて相談に応じ、及び必要な援助を行い、もつて社会福祉の増進に努める」とされています（民生委員法第1条）。

　児童委員は、児童福祉法第16条の規定により、民生委員が兼務することになっています。そのため、民生委員に推薦される人は「人格識見高く、広く社会の実情に通じ、且つ、社会福祉の増進に熱意のある者」（民生委員法第6条）であると同時に、「児童委員としても、適当である者」（同法同条）とされています。そして、児童委員のなかから主任児童委員が選任される仕組みです。

　民生委員候補者を都道府県知事に推薦するのは、市区町村の民生委員推薦会です。推薦の流れは図表2-3にあるとおりです。都道府県知事に推薦されたあと、地方社会福祉審議会の意見を踏まえて厚生労働大臣に推薦します。その推薦に基づき、厚生労働大臣が委嘱します。非常勤の地方公務員（特別職）と解されています。民生委員法では、民生委員には「給与の支給をしないもの」としていますので、無報酬のボランティアです。ただし、活動にかかわる活動費（実費弁償）はあります。

　民生委員の配置基準は、厚生労働省が示す基準表（図表2-4）に基づき、市区町村の意見を聞いたうえで都道府県が条例で定めています。主任児童委員の定数基準は、基準表（図表2-5）に基づき算出されています。

図表2-3　民生委員推薦の流れ

| 町会・自治会などで推薦、公募など | ⇒ | 民生委員推薦会都道府県知事に推薦 | ⇒ | 都道府県知事厚生労働大臣に推薦 | ⇒ | 厚生労働大臣委嘱 | | 民生委員・児童委員 |

出典：「ご存じですか？地域の身近な相談相手「民生委員・児童委員」」政府広報オンライン、2017年4月29日を基に筆者作成

図表2-4　民生委員・児童委員配置基準表

区分	配置基準
1　東京都区部及び指定都市	220〜440世帯ごとに1人
2　中核市及び人口10万人以上の市	170〜360世帯ごとに1人
3　人口10万人未満の市	120〜280世帯ごとに1人
4　町村	70〜200世帯ごとに1人

出典：「民生委員・児童委員の定数基準について〔民生委員法〕」厚生労働省通知、2001年

図表2-5　主任児童委員配置基準表

民生委員協議会の規模	主任児童委員の定数
民生委員・児童委員の定数39人以下	2人
民生委員・児童委員の定数40人以上	3人

出典：「民生委員・児童委員の定数基準について〔民生委員法〕」厚生労働省通知、2001年

イ　民生委員・児童委員を取り巻く現状

　厚生労働省によると、2020年度末現在の民生委員の委嘱数は、全国で230,690人（うち主任児童委員21,422人）でした[1]。この20年ほど、22〜23万人前後で横ばいの状態が続いています。このうち、男性は38.6%（88,483人）、女性は61.4%（140,588人）占めています。主任児童委員の場合は、男性が13.7%（2,911人）であるのに対して、女性は86.3%（18,355人）を占めており、女性の割合がより高くなっ

ています。

　民生委員の任期は３年（再任可）です。国が示す選任基準では、75歳未満の人を選任するよう努めることとされ、各自治体の実情に合わせて弾力的に運用されています。平成28年に全国民生委員児童委員連合会（全民児連）が実施した「民生委員制度創設100周年記念全国モニター調査」[2]によれば、地区担当の民生委員のおよそ５割半が60代、70代以上の委員が３割強を占め、平均年齢は66.8歳でした。また、主任児童委員については、55歳未満の人を選出するよう努めることとされていますが、その平均年齢は58.8歳でした。55歳未満の主任児童委員は全国でおよそ３割にとどまっています。全体的にシニア世代が多いことが課題のひとつです。

　就労しながら活動を行う委員もいます。地区担当の民生委員のうち、就労している委員は35.3％、主任児童委員の場合には56.4％でした[3]。就労している場合は、自営業が多い傾向にあります。最近では、企業を定年退職後に民生委員になったり、地域活動やPTA活動に従事してきた専業主婦が民生委員や主任児童委員になるケースが増えています。

ウ　活動の実際

　都市化が進み、家族単位の縮小や地域関係の希薄化が言われる中で、地域住民の抱える個々の課題が見えにくくなっています。民生委員は、そうした地域に埋もれがちな課題をとらえ支援につなげるために、訪問活動に力を入れています。民生委員１人あたりの活動日数は100日を超え、訪問回数は年間130回以上にのぼります[4]。

　また、訪問活動のほかに、特に近年増えている活動のひとつが、日常的な生活支援です。日々の生活における困りごとは、制度で対応できるものばかりではありません。ひとり暮らし世帯が増え、かつては

家族が対応してきたちょっとした困りごと、たとえばゴミ出しや雪下ろしなどを、民生委員が担わざるを得ない実情もあります。

　地域福祉活動・自主活動も、大きく増えている取組です。地域の高齢者や子育て家庭など、地域住民の居場所づくりを通して社会的孤立を予防したり、つながりづくりを目指すサロン活動などは、その代表例でしょう。民児協や社協と共催で行ったり、自主活動として行うなど、幅広く取り組まれています。民生委員は、地域活動のキーパーソンとして、関係機関からも頼りにされています。

　そのほか、行政による調査や会議への参加協力もしています。たとえば、行政から高齢者実態調査や福祉制度等に関する各種資料の配布などを依頼されれば、対象となる世帯を個別に訪問して、それらの調査や配布を行います。また、要保護児童対策地域協議会や地域包括支援センター運営協議会など、民生委員が会議メンバーとして参加している会議は数多くあります。

　このように、民生委員の活動は多岐にわたります。民生委員は、住民の身近な相談相手として寄り添い、日々の活動を通して地域の福祉課題を明らかにし、地域づくりの担い手となることが期待され、またその期待に応える取組をしています。全民児連が実施した調査では、多くの民生委員が「支援した人に喜ばれたとき・感謝されたとき」や「課題（困りごと）が解決したとき」「要支援者から頼りにされたとき」などに、民生委員活動にやりがいを感じると答えています[5]。

（3）民生委員・児童委員の課題と展望

ア　多様化する民生委員・児童委員活動とネットワークの構築

　民生委員活動の柱は、地域住民に寄り添い、そのニーズをとらえ、

解決のために必要な資源やサービスにつなぐことです。民生委員は、方面委員の時代から、困りごとを抱える地域住民を個別に訪問し、その生活を支援してきました。しかし近年では、都市部を中心にオートロックのマンションが増え、思うように個別訪問ができないという声を聞きます。また、全国の民生委員の4人に1人は、ごみ屋敷問題などにより顕在化する社会的孤立状態にある世帯への支援を経験しています[6]。多様化し複雑化する地域課題に対しては、「プライバシーにどこまで踏み込んでいいか戸惑う」「援助を必要とする人との人間関係のつくり方が難しい」など活動上の悩みの声も聞かれます[7]。

　こうした個別ケースへの対応をしながら、地域福祉活動や行政への協力も行うことで、民生委員の負担感が増すことも考えられます。全民児連の調査によれば、「円滑な委員活動のために希望すること」として「活動の範囲や役割の明確化」が最も多く挙げられました[8]。民生委員は「つなぎ役」です。活動を通して把握したニーズをつなぐ先としての専門職や専門機関の明確化やネットワークの構築が求められます。民生委員もまた、そのネットワークの一員です。把握した地域ニーズを民生委員が一人で抱えることなく、専門職や専門機関につなぐネットワークが適切に機能することで、安心して活動を行うことができるのです。

イ　地域共生社会づくりにむけて—民生委員活動への理解促進

　誰もが支え合う地域づくりを目指す地域共生社会の実現に向けて、民生委員への期待はますます高まっています。今後は、地域福祉活動や自主活動への取組がさらに増えていくことでしょう。また、近年多発する自然災害に備え、平時から災害福祉マップを作成したり、災害時の迅速な安否確認のための災害時要援護者台帳の作成も、各地で取

り組まれています。また、生活困窮者自立支援法に基づく自立支援事業の展開においては、民生委員による地域の生活困窮者の発見や把握、対応が期待されています。一方で、こうした活動に必要な個人情報の提供が進まないという問題も指摘されています。個人情報保護と住民福祉の向上の両立を、適切な手立てをもって検討し実現することが求められるでしょう。

　民生委員は、100年にわたり「良き隣人」として地域住民に寄り添い、その生活を支援してきました。社会的孤立問題や災害時支援など、時代により変遷する福祉ニーズに向き合い続けています。東日本大震災時には、避難支援活動中であった56名の民生委員が命を落としました。民生委員もまた一人の地域住民です。こうした活動がすべてボランティアで行われていることを改めて理解し、民生委員がその力を発揮できるよう支える体制づくりや協働する環境づくりが求められています。

注

1　厚生労働省「令和2年度福祉行政報告例の概況」5頁

2　全国民生委員児童委員連合会「民生委員制度創設100周年記念　全国モニター調査　報告書【第2分冊】」3頁

3　全国民生委員児童委員連合会　前掲書、5頁

4　厚生労働省「令和2年度福祉行政報告例」より算出した。

5　全国民生委員児童委員連合会　前掲書、16-17頁

6　全国民生委員児童委員連合会「民生委員制度創設100周年記念　全国モニター調査　報告書【第1分冊】」3頁

7　全国民生委員児童委員連合会「民生委員制度創設100周年記念　全国モニター調査　報告書【第2分冊】」15頁

8　全国民生委員児童委員連合会　前掲書、20頁

引用・参考文献

右田紀久恵・高澤武司・古川孝順編『社会福祉の歴史〔新版〕』有斐閣、（2001）

厚生労働省「令和2年度福祉行政報告例の概況」、（2021）

全国社会福祉協議会『社会福祉学習双書2020　第8巻地域福祉論』、（2020）

全国民生委員児童委員連合会「民生委員制度創設100周年」、（2017）

「特集　民生委員制度の百年を振り返る」全国民生委員児童委員連合会「民生委員・児童委員のひろば」第766号、（2017）

全国民生委員児童委員連合会「民生委員制度創設100周年活動強化方策～人びとの笑顔、安全、安心のために～」、（2017）

全国民生委員児童委員連合会「地域とともに　民生委員制度の100年」（第2版）、（2017）

全国民生委員児童委員連合会「これからの民生委員・児童委員制度と活動のあり方に関する検討委員会報告書」、（2018）

全国民生委員児童委員連合会「民生委員制度創設100周年記念　全国モニター調査 報告書【第1分冊】」、（2018）

全国民生委員児童委員連合会「民生委員制度創設100周年記念　全国モニター調査 報告書【第2分冊】」、（2018）

3　災害支援（日赤・災救法）関連業務

　（1）災害救助法

ア　概要

　「災害救助法」と初めて聞いた方は、「救助」という言葉から、消防等の「レスキュー」隊をイメージするのではないでしょうか。実際の市区町村災害対策本部においても、レスキュー隊への様々な費用を出すことと勘違いしていた事例もあります。しかし、この法律では、災害によって家を失くした方などを応急的に助けて救う意味で「救助」という言葉を使用しています。

　災害救助法は、国が地方公共団体や各団体等の協力の下に、「災害発生後」に応急的な「救助」を行い、被災者の保護と社会秩序の保全を図ることを目的とした法律でしたが、2021年の改正で、「災害が発生し、又は発生するおそれがある場合において」と「災害により被害を受け又は被害を受けるおそれのある者」も対象となり、事前避難等も災害救助法の対象になるようになりました。

　この災害救助法は、自治体や関係機関では、単に「救助法」と呼ばれたり、短縮して「災救法」と呼ばれることもあります。

　この救助法は、災害が発生するおそれがある場合も含まれるようになりましたが、大部分は、災害発生後のあくまで応急期を対象とした法律です。災害予防や災害応急期の後の災害復旧・復興期を含めた法律としては、後述する災害対策基本法があり、復旧・復興期は、被災者生活再建支援法、災害弔慰金法などがあります。

イ　設立の経緯

　1946年、終戦後の混乱期に四国の南で発生した南海地震は、地震と津波により、広範囲で甚大な被害をもたらしました。罹災救助基金法に基づく炊き出しなどが実施されましたが、戦後のインフレの影響も大きく、支給基準が府県ごとに異なったこともあり、府県基金だけでは、罹災者に対する災害対策が十分にできない面がありました。

　このため、国の責任で罹災者に対する救助をという機運が高まり、災害救助法が制定されました。あわせて、終戦に伴い戦傷病者業務の減少が見込まれていた日本赤十字社の主要業務として、災害救援が災害救助法の中でも新たに位置付けられました。

ウ　災害救助の実施体制

　災害救助法は、地方自治法第2条第9項に定められた第一号「法定受託事務」です。法定受託事務とは、本来は国が果たすべき役割に係る事務のうちで、適正な処理を確保するため、例外的に、法律又はこれに基づく政令により、国に代わって地方公共団体が処理することとされている事務です。

　具体的には、都道府県知事が、現に救助を必要とする者に行うとされていますが、必要に応じて、一部を市区町村へ委任できるとされています。このため、あらかじめ多くの都道府県では、市区町村に委任しており、災害発生時に迅速かつ的確な対応ができるように、担当者に対して、「災害救助事務取扱要領」等の説明会等を毎年実施しています。

エ　災害救助法における救助の対象等

　災害救助法では、事情の理由を問わず、「実際に災害に遭っている

人又は被害を受けるおそれのある人」を対象としています。被災者の経済的な要件等は必ずしも問われませんが、見舞制度ではないため、必ずしもすべての被災者に一律な支給等をしなければならないわけではなく、自力で対応できる人に重ねて支給等をすることはありません。例えば、居住していた住家を災害によって失った場合であっても、共済や損害保険を使い自らの経済力で再建した場合は、災害救助法による応急仮設住宅を供与することはありません。

　また現地で実際に災害に遭い、救助を必要としている人、又は、被害を受けるおそれのある人を対象としているため、住民票の有無や国籍は問われません。

オ　災害救助法の適用条件等

　災害救助法は、災害毎に、市区町村単位に適用されます。どの災害が災害救助法の適用になるかは、災害による被害の程度や状況によって決まります。その適用基準には、大きく2つあります。

　1つは、災害救助法施行令第1条第1項第1～3号に定められる市区町村等の人口に応じた一定数以上の住家の滅失、つまり全壊の世帯数によって決まります（図表2-6）。実際には、全壊の世帯数だけで

図表2-6　災害救助法適用第1号基準

市町村の人口	全壊世帯数
5,000人未満	30世帯
5,000人以上　　15,000人未満	40世帯
15,000人以上　　30,000人未満	50世帯
30,000人以上　　50,000人未満	60世帯
50,000人以上　　100,000人未満	80世帯
100,000人以上　　300,000人未満	100世帯
300,000人以上	150世帯

出典：災害救助法施行令　別表第一

はなく、1／2換算する半壊の世帯数と1／3換算する床上浸水の世帯数と合算した数で適用されます。

　もう1つの基準は、被災世帯の数によらず、被災状況により適用される「4号基準」です。災害救助法施行令第1条第1項第4号では、「多数の者が生命又は身体に危害を受け又は受けるおそれが生じた場合であって、内閣府令で定める基準に該当するとき」とあり、内閣府令第2条第1号で「災害が発生し又は発生するおそれのある地域に所在する多数の者が、避難して継続的に救助を必要とすること」、内閣府令第2条第2号で「被災者について、食品の給与等に特殊の補給方法を必要とし、又は救出に特殊の技術を必要とすること」となっています。

　大切なのは、災害によって多数の者が「避難して継続的に救助を必要とする」点と食品や飲料水の給与等に「特殊の補給方法を必要とする」点です。

　第1〜3号基準は、客観的な基準が明確であるため、適用の判断がしやすい面がありますが、住家の被害調査には一定の期間を要するため、発災後直ちに適用を判断することが難しい面があります。法の目的である「被災者の保護」と「社会の秩序の保全」のためには、迅速な法適用が必要であるため、被害調査に時間を要する場合には、概数で報告することが災害救助事務取扱要領にも明記されていますので、概数での迅速な報告を行いましょう。

　また、多数の者が避難して継続的に救助を必要とする状況であること等を確認した場合には、4号基準を適用する事例も数多くあります。特に、2004年の新潟県中越地震以降、大地震が発生した場合には、震度5弱以上など一定震度以上を観測した市区町村に対して、「避難して継続的に救助を必要とする」状態として、速やかに4号適用される

ことが定着しており、風水害の場合も4号適用されるケースが増えています。

カ　救助の種類

　災害救助法による救助の種類には、①避難所の設置、②応急仮設住宅の供与、③炊き出しそのほかによる食品の給与、④飲料水の供給、⑤被服、寝具そのほか生活必需品の給与又は貸与、⑥医療、⑦助産、⑧被災者の救出（死体の捜索）、⑨被災した住宅の応急修理、⑩学用品の給与、⑪埋葬、⑫死体の処理、⑬障害物の除去、⑭輸送費及び賃金職員等雇上費があります。その内容や対象経費等は、しばしば変動しますので、詳細は、災害救助事務取扱要領を参照してください。上記の①～⑭以外に、救助事務費が認められています。その救助事務の中には、救助と災害ボランティアとの調整経費も委託費として認められているため、この部分もよく把握しておくことが大切です。

キ　救助の基準―「一般基準」と「特別基準」―

　救助の項目には、それぞれの項目ごとに、救助の程度、方法及び期間について内閣総理大臣が定める基準に従い、あらかじめ都道府県知事等が定めることになっています。これを「一般基準」といいます。ただし、これは原則的な考え方であり、災害は、その規模、態様、発生地域、季節等により、その対応も大きく異なるため、柔軟な対応ができるように、一般基準では救助の適切な実施が困難な場合に、都道府県知事等は、内閣総理大臣に協議し、その同意を得たうえで、「特別基準」を定めることができます。

　例えば、避難所の設置について、一般基準では、災害の発生の日から7日以内、設置費用は、1人1日あたり330円以内となっています。

災害救助法が適用される程度の被害が出ている場合に、避難所の開設期間が7日で終わることは非常に稀です。そのため、特別基準によって、期間を延長します。また、費用についても不足する場合には、冷暖房器具やテレビ等のレンタルや毛布等のクリーニング代、建物の備品等の破損弁償費なども認められることがあります。

　これらの特別基準は、何でも認められるわけではなく、必要な理由を説明したうえで、認められるものですが、非常に柔軟に、臨機応変に対応してきた実績があります。原則として基準どおりに行うのが通例である法律の中で、柔軟に臨機応変な対応ができる極めて特殊な制度であることは、災害救助法のポイントとなっています。特に、内閣府のウェブサイトで紹介されている「認められうる具体的な延長事例」や「認め難い事例」などをしっかりと理解しておくことが大切です。

　また、あらかじめ市区町村が指定した避難所でなくても、被災者が避難して実質的に避難所としての機能を果たした場合は災害救助法の対象となります。また、在宅で避難生活を送っている被災者に対しても、避難所で配布している物資や情報等については、避難所に取りに来られた場合は提供することと災害救助事務取扱要領に明記されています。これらのことは、自治体担当者だけでなく、住民にもあらかじめ周知しておいた方がよいでしょう。

ク　災害救助法による費用負担

　通常の災害では、市区町村が予算の範囲内で災害対策を実施しています。そのため、予算による対策の制約があります。しかし、災害救助法が適用されると、救助の実施主体が市区町村から都道府県に代わります。もちろん実際にはすべて都道府県で行うことは現実的ではないことから、救助事務の一部を市区町村に委任できることになってお

り、多くの場合、あらかじめ市区町村に委任されています。

　災害救助法が適用された場合、かかった費用の10〜50％は都道府県が負担し、残りは国が負担することになります。

（2）災害対策基本法

ア　制定の経緯

　「災害対策基本法」は、1959年の伊勢湾台風を契機に制定されました。それまで我が国では、災害が起きるたびに、それぞれ法律が制定され、改正されてきましたが、他の法律との整合性などについては、必ずしも十分な考慮がされていませんでした。そのため、災害対策が十分に進まなかった面があり、これを契機に、災害対策全体を体系化し、総合的かつ計画的に防災行政を推進する目的で制定されました。

　この災害対策基本法は、1995年の阪神淡路大震災の後、2回にわたり大幅な改正があり現在に至っています。

イ　目的等

　この災害対策基本法の目的は、国民の生命、身体及び財産を災害から保護し、もって、社会の秩序の維持と公共の福祉の確保に資することとしています。

　また、この法律の中で、用語の定義もされており、特に、「災害」とは、次のように定義されています。災害は、「暴風、竜巻、豪雨、豪雪、洪水、がけ崩れ、土石流、高潮、地震、津波、噴火、地すべり、その他の異常な自然現象、又は大規模な火事、もしくは爆発、その他その及ぼす被害の程度において、これらに類する政令で定める原因により生ずる被害」をいいます。また、ここで「政令で定める」とある

のは、災害対策基本法施行令のことを指しており、具体的な原因として、「放射性物質の大量の放出、多数の者の遭難を伴う船舶の沈没、その他の大規模な事故」が定められています。つまり、自然現象だけではなく、大規模な火災や事故も災害であることを知っておく必要があります。

ウ　内容

　災害対策基本法の内容は、大きく6つに分かれています。

（ア）防災に関する責務の明確化

　国、都道府県、市区町村、そして日本赤十字社、NHK、JR、NTTなどの指定公共機関とその地方組織である指定地方公共機関には、それぞれ防災に関する計画を作成し、それを実施するとともに、相互に協力するなどの責務があり、さらに住民等についても、自発的な防災活動参加等の責務があることが規定されています。

（イ）総合的防災行政の整備

　防災活動の組織化、計画化を図るための総合調整機関として、国、都道府県、市区町村それぞれに「中央防災会議」、「都道府県防災会議」、「市町村防災会議」を設置することが決められています。

　災害発生又はそのおそれがある場合には、総合的かつ有効に災害応急対策等を実施するため、都道府県又は市町村に「災害対策本部」を設置することが決められています。

（ウ）計画的防災行政の整備

　中央防災会議は、「防災基本計画」を作成し、防災に関する総合的かつ長期的な計画を定めるとともに、指定公共機関等が作成する「防災業務計画」及び都道府県防災会議や市町村防災会議が作成する「地域防災計画」において重点をおくべき事項等を明らかにしています。

（エ）災害対策の推進

　災害対策を災害が起きる前の日常から取り組む「災害予防」、災害が起きた時に対応する「災害応急対策」、応急対策が終わった後に行う「災害復旧」という段階に分けて、それぞれの段階ごとに、各実施責任主体の果たすべき役割や権限が規定されています。

（オ）激甚災害に対処する財政援助等

　災害予防や災害応急対策に関する費用の負担については、原則として、実施責任者が負担するものとしながらも、特に激甚な災害については、地方公共団体に対する国の特別の財政援助、被災者に対する助成等を行うこととされています。

（カ）災害緊急事態に対する措置

　国の経済及び社会の秩序の維持に重大な影響を及ぼす異常かつ激甚な災害が発生した場合には、内閣総理大臣は、「災害緊急事態の布告」を発することができます。国会が閉会中であっても、国の経済の秩序を維持し、公共の福祉を確保する緊急の必要がある場合には、内閣は、供給が特に不足している生活必需物資の統制や金銭債務の支払いの延期等について政令をもって必要な措置を取ることができます。

エ　避難所等の定義

　2011年に発生した東日本大震災においては、切迫した災害の危険から逃れるための「避難場所」と、その後の避難生活を送るための「避難所」が必ずしも明確に区別されておらず、また、災害ごとに避難場所が指定されていなかったため、発災直後に避難場所に逃れたものの、そこに津波が襲来して多数の犠牲者が発生するなど、被害拡大の一因となりました。また地方自治体によっては、独自の名称を用いるなど、統一された定義がありませんでした。

　このような教訓を踏まえ、2013年に、災害時における緊急の避難場所と、一定期間滞在して避難生活をする学校、公民館等の避難所とを区別するため、災害対策基本法の改正が行われ、新たに指定「緊急避難場所」と指定「避難所」に関する規定が設けられました。なお、緊急避難場所と避難所は、相互に兼ねることができます（図表2-7）。

図表2-7　緊急避難場所と避難所

緊急避難場所

災害対策基本法
第49条の4
危険が切迫した
状況において、
住民等の生命の
安全の確保を
目的として
緊急に避難する場所

災害対策基本法施行令
第20条の3の基準に
適合したもの

緊急避難場所
兼
避難所

避難所

災害対策基本法
第49条の7
避難した住民等を
災害の危険性がなくなる
まで滞在させ、
又は災害により
家に戻れなくなった
住民等を一時的に
滞在させるための施設

災害対策基本法施行令
第20条の6の基準に
適合したもの

筆者作成

（ア）緊急避難場所

　緊急避難場所とは、津波、洪水等による危険が切迫した状況において、住民等が緊急に避難する際の避難先として位置付けるもので、住民等の生命の安全の確保を目的とするものです。緊急避難場所は、場所を指定しているため、建物の有無は問いません。

（イ）避難所

避難所とは、災害の危険性があり避難した住民等を災害の危険性がなくなるまで必要な期間滞在させ、又は災害により家に戻れなくなった住民等を一時的に滞在させることを目的とした施設であり、市区町村が災害種別ごとに指定するものです。

東日本大震災においては、多数の被災者が長期にわたる避難所生活を余儀なくされる状況の中、被災者の心身の機能低下や様々な疾患の発生・悪化が見られたこと、多くの要配慮者が避難所のハード面の問題や他の避難者との関係等から自宅での生活を余儀なくされることも少なくなかったことなどが課題となりました。

このような教訓を踏まえ、2013年に、災害対策基本法が改正され、災害の発生時における被災者の滞在先となるべき適切な施設の円滑な確保を図るため、同法第49条の7に市町村長による指定避難所の指定制度を、また指定避難所のうち、同法施行令第20条の6第1項第5号に福祉避難所の指定制度を設けるとともに、指定避難所における生活環境の整備等に関しては同法第86条の6及び7に、地方公共団体等が配慮すべき事項が規定されました。

また、この改正により新たに避難所における生活環境の整備等が規定されたことから、2013年に、避難所における平常時の対応・発災後の対応として取組を進めるための参考として、「避難所における良好な生活環境の確保に向けた取組指針」が策定されました。

（ウ）福祉避難所

福祉避難所は、高齢者、障害者、妊産婦、乳幼児、病弱者等の要配慮者で、避難所での生活に支障をきたすため、避難所生活において何らかの特別な配慮を必要とする者が、円滑に利用できるように措置がしてあり、相談等ができる体制が整備される避難所です（図表2-8）。

図表2-8　避難所の相関図

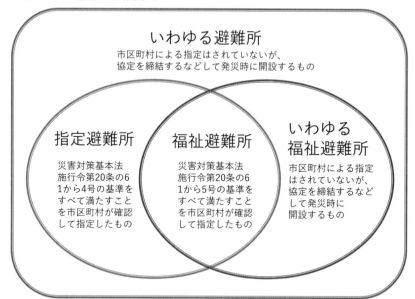

筆者作成

　しかし、特別養護老人ホーム、老人短期入所施設等の入所対象者は、それぞれの介護保険法に基づく緊急入所等を含め当該施設で対応すべきであるとされ、原則として福祉避難所の対象者としていないことに注意が必要です。

オ　ボランティア

　1995年の阪神淡路大震災における災害ボランティアの活躍を受けて、災害対策基本法に「ボランティアによる防災活動の環境整備」が国と地方公共団体の取組に位置付けられ、その後、災害が繰り返される中で、災害ボランティアセンターの開設やボランティアの活躍が社会に定着してきました。

　東日本大震災を踏まえた2013年の災害対策基本法の改正において、

国及び地方公共団体は、ボランティアによる防災活動が災害時において果たす役割の重要性に鑑み、その自主性を尊重しつつ、ボランティアとの連携に努めなければならないと新たに規定されました。

（3）赤十字関連業務の概要

日本赤十字社は、「日本赤十字社法」という法律に定められた法人で、「日本赤十字社は、赤十字に関する諸条約及び赤十字国際会議において決議された諸原則の精神にのっとり、赤十字の理想とする人道的任務を達成することを目的とする。」と定められており、人道支援である点が特徴です。

日本赤十字社は、国内での活動拠点として各都道府県に支部を設置しています。また市区町村の単位に、地区・分区を設置しており、市区町村自治体や社協が、会費・寄付の募集、義援金の受付、救援物資の保管・管理、地域ボランティアや青少年赤十字加盟校の育成援助などの業務を行っています。

例えば、住宅火災で焼け出された罹災者に対する支援についても、地区・分区によっては違う面もありますが、直ちに駆けつけて見舞品等をお渡しする業務があります。これらは、人道的見地からの支援であるため、他の制度等とは違い、住民票の有無等に関係なく支援されるケースが多くみられます。

（4）地域福祉部署に配属された方へのメッセージ

地域福祉部署の所掌範囲は、市区町村によって多少違いますが、基本的には、困りごとを抱えた人を対象とした業務が多いところです。

程度の差はあれ、一人一人にとっては、深刻な相談であり、迅速な対応が求められるケースも少なくありません。そういう意味では、その人にとっては災害に遭ったことと同じような状況であり、日頃から災害に遭った人を対象としているともとらえることができるかもしれません。多様な人を対象とする大変な業務ではありますが、相手に寄り添った対応が日頃から求められています。

　しかし、災害時には、多数の被災者が発生します。そのため、通常業務に加えて災害対応業務が発生しますので、準備が大切であると同時に、特に日頃から業務がひっ迫している場合には、迅速な応援職員の要請が必要となります。部内からの応援、庁内からの応援、庁外からの応援なども具体的に考えておくとよいでしょう。

　なお、特別基準の協議など、都道府県の災害救助事務担当者との調整は、必須となりますので、日頃から連絡を取り合い、顔の見える関係作りをしておくことを意識しておくとよいでしょう。

　最後に、災害は決して起きてほしいものではありませんが、起きた時のためにこの本が少しでもお役に立てれば幸いです。

第3章

事例から学ぶ
地域福祉の仕事

1 大規模自治体における地域福祉行政 —東京都港区の事例から—

（1）地域の概要と福祉行政の組織体制

　港区は東京都23区のなかで中規模、人口約26万人弱、人口の90％以上が集合住宅に居住している反面古い木密地域も残っています。区内ではいくつもの大規模開発が進んでおり、都会的なまちと歴史あるまち、新しく転入してきた住民と古くからの住民とが混在しているのが特徴です。

　区の行政組織の特徴は、地域の課題は地域で解決することを大前提に区内を5つの地区に分けて、それぞれの地区に総合支所を設置している点です。福祉関係では子ども、障害者、高齢者についての様々な行政サービスを受け付けているほか、生活保護や保健福祉のケースワークも行っています。区役所では、総合支所を支援する業務のほか、国民健康保険、介護保険、福祉施設整備、各種計画の策定、新規事業の企画立案、社会福祉法人や福祉施設の監督などの業務を担っています。さらに2021年4月に児童相談所を開設したことにより、児童相談所設置市事務も行うこととなりました。

（2）地域福祉関連業務の概要

　8050問題やダブルケア、トリプルケアと言われるように個人だけではなく世帯、家族が抱える問題は複雑化、多様化しています。これらの問題に対応していくためには、行政の力だけではなく地域の力・資源を活用した地域福祉の推進が必要であり、包括的な支援体制の構築

が必要です。

　このため、社会福祉協議会（社協）、民生委員・児童委員等地域福祉活動を行う多様な主体や医師会などの関係団体との連携、協働が不可欠になってきています。

　地域包括ケアの推進を地域福祉の根幹に据えつつ、社協、シルバー人材センター、老人クラブ、民生委員・児童委員、保護司の活動支援、日本赤十字社との連携・協働、社会福祉法人の指導・監督、福祉のまちづくりの推進などの業務を行っています

💬（3）地域福祉計画策定業務の実際

　地域保健福祉計画を、区の基本計画と時期を合わせて2021〜2026年度の6年間を計画期間として策定しました。今回は新型コロナウイルスなどの危機を乗り越えていくため、区民が安全で安心して健康に暮らし続けることができる仕組みや基盤の充実を区民に示したものになっています。

　策定にあたっては、区の内部検討組織の港区地域保健福祉推進本部において2019年度から住民のニーズや意識を調査するための設問等の内容の検討から始まり、意識調査を実施しました。また、基本計画策定に向けた公募区民によるタウンフォーラムからの提言、さらに区の外部検討組織として、有識者、福祉・地域関係団体の代表者、公募区民等で構成する港区地域保健福祉推進協議会において、子ども・子育て、高齢者、障害者、健康づくり・保健、生活福祉、地域福祉の各分野について検討するとともに、横断的な計画策定に関する協議も行いました。

　そして、2020年12月のパブリックコメント、区民説明会を経て、「誰

もが住み慣れた地域で、自分らしく、健やかに、安心して暮らし続けることのできる、支え合いの地域社会」を目指す将来像として掲げた、新たな地域保健福祉計画を2021年3月に取りまとめました。

　今回の港区地域保健福祉計画の策定にあたっては、「社会福祉法」に定める「市町村地域福祉計画」として位置付け、「健康増進法」に定める「市町村健康増進計画」を包含するとともに、区が独自に策定している「港区がん対策推進アクションプラン」を統合することにしました。

　また、「港区高齢者保健福祉計画」は「老人福祉法」に定める「市町村老人福祉計画」、「港区障害者福祉計画」は「障害者基本法」に定める「市町村障害者計画」として位置付け、この3つの計画を一体的な計画として分野横断的に策定し、保健福祉施策の一覧性を高め、区民により分かりやすい計画としました。

　さらに、上位の計画である「港区基本計画」のほか、「港区子ども・子育て支援事業計画」、「港区自殺対策推進計画」、「港区成年後見制度利用促進基本計画」とも整合、連携を図っています。

（4）民生委員・児童委員関連業務の実際

　民生委員は民生委員法に基づいて配置され、区では150名ほどが厚生労働大臣からの委嘱を受けて活動しています。

　港区では民生委員・児童委員で組織された「民生委員・児童委員協議会」や区内を5つの総合支所の地区に分けて組織された「地区民生委員・児童委員協議会」での行政や関係機関との連絡、情報共有や研修などの活動を支援しています。

　また、民生委員を都知事に推薦するため、常設機関として「民生委

員推薦会」を設置しています。構成員は、社会福祉事業や社会福祉団体の関係者、教育に関係のある者、学識経験者、議員、民生委員、区職員のうち14人以内で、区長が委嘱又は任命します。推薦会は、3年に1度実施される全員改選と委員の交代があるたびに随時開催されます。最近では、民生委員・児童委員の業務の困難さから担い手不足が常態化していて、定数に満たない状況が続いています。この場合には、区の職員が民生委員・児童委員がいない地区をフォローすることになります。

（5）社会福祉法人の認可等・指導監査業務

　社会福祉法人の認可等・指導監査業務は、2013年度からそれまで東京都が担当していた社会福祉法人のうち、主たる事務所が区内にあり、その行う事業が区の区域を越えない社会福祉法人を対象とし、区が実施することになりました。港区が管轄する社会福祉法人は5法人です。

　認可等事務は、設立の認可、定款変更の認可、解散の認可又は認定、清算人の届け出受理、清算結了の届出受理及び他の社会福祉法人との合併の認可の事務です。区で受理している事務で一番多いものは、定款変更の認可事務で役員の変更です。

　指導監査事務は、業務・財産状況の報告徴収、検査、改善命令、業務停止命令、役員解職勧告、解散命令、公益事業又は収益事業の停止命令及び事業の概要等（現況報告）の受理です。区では指導監査を行うため5法人に対し2〜3年に1回、実地検査を実施し、現況報告の内容等を確認しています。

（6）赤十字関連業務の実際

　港区では、区長を地区長として職員数名がともに赤十字社東京支部から委嘱を受け、赤十字社関係の業務との兼務をしています。

　業務内容としては、献血事業の広報、協力として区役所内において年2回程度献血を行っています。また、日本国内外で発生した災害に際し、義援金・救援金の募金活動にも、ウェブサイトで周知したり、区の庁舎の受付などに募金箱を設置するなどの協力をしています。

　さらに、区では、地域での赤十字活動を支えている赤十字奉仕団の活動を支援しています。区内の赤十字奉仕団は、地域ごとに11の分団で構成され、活動資金の募集から高齢者施設での奉仕活動、救護・防災訓練や献血のPR及び奉仕活動と幅広い活動を展開しています。

（7）社会福祉協議会の支援

　区が地域福祉を推進するうえで非常に関係が深い存在として社会福祉協議会があります。

　港区では、社会福祉協議会と協定を結び災害時のボランティアセンターの運営をお願いすることとしています。

　また、成年後見制度の利用促進を図るため港区成年後見制度利用促進基本計画に基づき港区と共に成年後見制度の中核機関と位置付け、社会貢献型後見人の養成や活用のほか、法人後見事業などの役割も担っています（図表3-1）。

　さらに、地域共生社会を実現するためにも、区の地域包括ケアの一翼を担う大変重要な機関です。今後もさらに連携を深めるとともに、協力、支援をしていきます。

図表3-1　港区の成年後見制度地域連携ネットワークにおける中核機関の
役割について

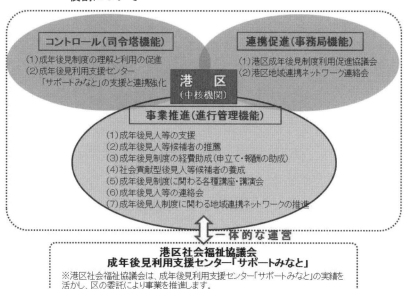

出典：港区地域保健福祉計画（2021～2026年度）

（8）そのほかの地域福祉関連業務

　民生委員・児童委員、赤十字奉仕団のほかにも地域で活動している
福祉団体はたくさんありますが、区と関係が深い団体としては保護司
会、シルバー人材センター、老人クラブ連合会があります。

　保護司会は、港区で活動する保護司で組織され、犯罪や非行のない
地域社会をつくるため東京保護観察所と協力体制をとりながら罪を犯
した人の更生を助けるとともに、犯罪や非行の防止のために様々な啓
発活動を行うなど地域の福祉に貢献しています。区では更生保護と青
少年の健全育成に関する相談窓口を保護司会の協力のもと設置してい
ます。さらに、毎年、犯罪や非行のない明るい社会を築くことを目的

に展開される社会を明るくする運動についても、区では区長を委員長とする「"社会を明るくする運動"港区推進委員会」を組織し、区が事務局となりこの運動を行います。毎年、7月、8月を強調月間とし区民の集いや作文コンテスト、駅頭での広報活動を行っています。

シルバー人材センターに対しては、一般雇用になじまない就業を通して「社会参加」や「生きがい」などを希望する、原則60歳以上の高齢者を対象に、それまでの経験や技術を活かした、就業機会の確保や拡大を目指した活動を支援するため、事務所・事業所の提供、業務の委託や運営経費の助成などを行っています。

老人クラブ連合会に対しては、社会奉仕活動、健康づくり活動生きがいを高める芸能文化活動などにかかる経費を補助金として支援しています。また、活動する場所として各地区に16館あるいきいきプラザ（高齢者福祉施設）を活用していただいています。

このように、各団体の活動場所や事務所・事業所の提供のほか運営の支援として補助金を交付しています。

地域福祉団体の支援のほか、福祉のまちづくりを推進するため、障害者、高齢者、乳幼児を連れた人等が安心して外出できるよう、区内の公共施設や交通施設、公園、公衆トイレ等のバリアフリー設備情報をまとめたバリアフリーマップをウェブサイトで公開しています。

（9）福祉総合窓口の創設―地域包括ケアの推進に向けて―

港区では、すべての区民が住み慣れた地域で安心して暮らし続けられるよう、地域福祉を支える様々な団体や医療機関等と連携して、地域がつながり、支え合える地域包括ケアを推進しています。

これまで区は、地域包括ケアシステムの構築に向けて、在宅療養等

を中心に医療や介護にかかわる多機関、医師、看護師、保健師、ヘルパー等の多職種との連携を進めてきました。その成果のひとつとして、区内に在宅療養相談窓口を２か所設置しています。この窓口には、看護師又は保健師２名が常駐して退院から在宅生活へ戻る区民や関係機関等の相談に対応しています。また、主治医、かかりつけ医、ケアマネジャー、訪問看護師、高齢者相談センター（地域包括支援センター）や病院及び医師会との連携を推進し、在宅で安心して療養できるよう、容体の急変時や介護する家族等の休養が必要な場合に、速やかに入院できる仕組み（在宅後方支援病床）の運用を推進しています。

　これらの取組をさらに推進するために、地域課題等への対応や地域資源の把握・活用のため「在宅医療・療養・介護連携調整会議」等を活用して、多職種連携に取り組む必要があります。

　このように取り組んできた地域包括ケアですが、単身高齢者の孤立問題、認知症への対応だけでなく近年では、8050問題やダブルケア、トリプルケア、ヤングケアラーなどの複合的な課題を抱える個人や家族からの相談が増加してきています。子ども、高齢、障害、生活困窮等の福祉分野にまたがる様々な課題に対応するため、包括的な支援体制を構築することが求められています（図表３-２）。

　区では、多様で複雑化した福祉課題に対してより迅速に対応するため、保健師をはじめ各福祉分野専門の相談員を配置し、福祉に関するあらゆる相談を受け止め、早期の課題解決につなげるワンストップ窓口である福祉総合窓口を、2022年度に５か所ある各地区総合支所に設置します。

図表3-2　港区のめざす地域包括ケアのイメージ

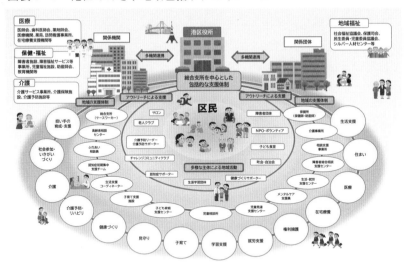

出典：港区地域保健福祉計画（2021～2026年度）

💬 （10）地域福祉関連業務を行う際の心構え

　地方公務員は、採用される時に宣誓書に署名します。ここで、すべての職員は地方公務員法第30条に定める「全体の奉仕者として公共の利益のために」勤務することを約束しています。事務職として自治体に採用された場合、土木職や福祉職が専らその分野の業務に従事するのに対し、自治体のあらゆる業務すべてに従事することになります。

　事務職の人は、福祉分野の事務に配属になると、とくにケースワーキングや相談対応が大変だと不安を抱く人もたくさんいることと思います。福祉分野は、本当に幅も広く、奥も深い。生まれてから死を迎えるまで、人の一生、それこそゆりかごから墓場までにかかわる仕事です。だからこそ、助けを求めている人だけでなく助けを求めるすべもわからない人にも、全力で寄り添い支援することこそが、全体の奉

仕者としての使命ではないでしょうか。

　筆者は採用されて初めて配属になった職場が高齢者福祉を担当する部署でした。そこでの初めての仕事は、病気などで寝たきりになってしまった高齢者に対して、手当の給付や紙おむつ支給などの福祉サービスの受付、事業の実施をすることでした。そこでの最初の体験は衝撃的でした。数日前に紙おむつの支給の申請に来た家族から、対象だった高齢者の方が亡くなったという連絡がありました。学校を出たての世間知らずの若者が、人の一生の最期をこんなにも短期間に直接体験することはかつてなかったことでした。翌日、その家族の方が、筆者が配送の手続が整うまでの間使っていただこうと渡した紙おむつの残りを、わざわざ返しに来てくれたのです。この体験から、福祉サービスはできる時に、できるだけ迅速に提供しなければいけないことを痛感しました。この体験は、筆者の公務員人生において一番大事な教訓となっています。

　福祉分野の仕事は、公務員として全体の奉仕者という職務を体現できる最も身近な仕事です。事務職だからといって臆することなく、住民福祉を支える根幹の仕事ととらえて、やりがいのある仕事を最前線で感じてほしいと思います。

2 中核市における地域福祉行政 —岩手県盛岡市の事例から—

　本節では、中核市における地域福祉関連の行政実務の例として、人口約29万の地方都市である、岩手県盛岡市の取組をご紹介します。

　筆者は地域福祉課に６年間配属されましたが、実は、地域福祉という分野がどんなカタチをしているか、未だに分からないというのが正直なところです。ぼんやりとした表現になってしまいますが、いわゆる「支援」が必要な人や家庭に対して、ほかの部署で対応しきれない、担当が決まっていないなど、行き場がないものを地域福祉課でまずは担当する、というような部署だったという印象です。

　地域福祉課に配属されて、事務の多さや幅の広さに初日からくじけそうになったことを今でも覚えていますので、本節を読んで、地域福祉関連部署に配属されたばかりの皆さんの心の負担が少しでも軽くなれば幸いです。

 （1）地域の概要と福祉行政の組織体制

ア　盛岡市の概要

　盛岡市は、1889年４月１日、市制・町村制の施行に伴い、旧城下町を市域として誕生しました。以来、恵まれた自然や歴史的環境、地理的環境を生かしながら、都市機能の充実、生活環境の整備を進め、岩手県の県庁所在地として発展してきました。

　1992年４月１日には、南に隣接する都南村と、2006年１月10日には、北に隣接する玉山村と合併し、人口約30万人の新生盛岡市が誕生しました。その後、2008年４月１日には、中核市として新たなスタートを

切り、保健所の設置など、住民生活により身近な分野の事務が移譲され、事務手続の効率化や住民サービスの向上が期待される中で、東北の交流拠点都市として、さらなる発展を目指しています。

図表3-3　盛岡市の面積と人口

盛岡市の面積と人口 （令和3年4月1日現在）	面　　積	886.47km^2
	推計人口	289,399人
	世 帯 数	133,906世帯

イ　福祉行政の組織体制

　盛岡市の特徴として、中核市であることから保健所を設置していること、子ども・子育て支援などに関する業務の所管について保健福祉部とは別に「子ども未来部」を設置していること、福祉事務所長も2名体制としていること、2006年1月に合併した旧玉山村の区域に関する事務を所管する玉山総合事務所で一部の事務を実施していることなどがあげられます（図表3-4）。

図表3-4　盛岡市の福祉行政の組織体制

〈令和3年度の組織機構〉
・保健福祉部（206人）―地域福祉課、障がい福祉課、長寿社会課、
　　　　　　介護保険課、生活福祉第一課、生活福祉第二課
　　　　└盛岡市保健所―企画総務課、健康増進課、保健予防課、生活衛生課
・子ども未来部（187人）―子ども青少年課（子ども家庭支援センター、
　　　　　　少年センター）、子育てあんしん課（保育サービス推進室、
　　　　　　保育所（10園））、母子保健課
・玉山総合事務所―健康福祉課（13人）

（2）地域福祉関連業務の概要

　ここでは、現在の地域福祉課が担当している事務の変遷をたどりながら、地域福祉に関連する業務について紹介します。

　盛岡市において、組織の名称に「地域福祉」が採用されたのは2006年度です。それまで、現在の地域福祉課の担当業務の多くは、保健福祉部の各課に係る事務の連絡調整や保健福祉部長の補助事務などを担っていた、障害福祉課の社会係が担当していました。

　2008年4月に中核市に移行したことで、社会福祉審議会の設置や国民生活基礎調査の実査のほか、これまで県が担っていた民生委員・児童委員の厚生労働大臣への推薦や、指導・監督などについて盛岡市で担うことになりました。また、社会福祉法人の認可や監査、福祉施設等の指導監査の業務を実施することになり、これに対応するため、福祉企画係と地域福祉係で構成される地域福祉課が2006年度に保健福祉部の主管課として新設されました。

　その際、2006年3月に国から示された「災害時要援護者の避難支援ガイドライン」を踏まえ、避難支援対策に対応した情報伝達体制を整備するための災害時要援護者名簿の作成を地域福祉課で担当することになりました。

　2010年度に地域福祉課は、福祉企画係と地域福祉係の業務を整理・統合した福祉企画係と、社会福祉法人の認可や指導監査、福祉施設等の指導監査の業務を行う指導監査係とに再編されました。この際、福祉企画係では、福祉施策の総合調整と地域における福祉の推進の両方を担うこととなりました。

　また、2010年度からは、災害時要援護者名簿に基づき、要援護者本人、地域支援者とともに避難所、避難方法等について確認し、避難支

援プラン個別計画の作成を進められることになりました。

　この取組が特に注目を浴びるきっかけなったのは、2011年3月に発生した東日本大震災です。盛岡市内では沿岸部から比較すると被害は極めて少なかったものの、数日にわたる停電などにより連絡手段が大きく制限される中で、災害時要援護者に対する支援は想定どおりに進みませんでした。要援護者となる高齢者、障害者を対象とした日常における支援は各分野の所掌する各課で担当するため、地域福祉課だけの取組には限界があるなど、課題が浮き彫りになりました。こうしたことから第2期地域福祉計画の策定のプロセスにおいて、災害時要援護者支援のあり方を見直すこととなりました。

　2014年度末に第2期盛岡市地域福祉計画や盛岡市避難行動要支援者避難支援計画を策定した後、厚生労働省の多機関の協働による包括的支援体制構築モデル事業、地域力強化推進モデル事業や、法務省の地域再犯防止推進モデル事業にも取り組みました。

　住民の福祉課題が多様化・複雑化する中で、自治体には包括的な支援体制の整備が求められており、地域福祉課が担う業務の範囲も広がっていると感じます（図表3-5、3-6）。

図表3-5　2021年度の地域福祉課の組織体制

```
地域福祉課（課長・課長補佐）
─福祉企画係（正職員5人・事務補助4人）
※このほかに日赤所属事務補助1人
─指導監査係（正職員7人・施設監査専門員4人、法人監査専門員1人）
```

図表3-6　2021年度の地域福祉課の主な所掌事務

・福祉施策の総合調整
・地域福祉の推進に関すること
・地域福祉計画の策定及びその推進に関すること
・社会福祉事業団・社会福祉協議会等に関すること
・社会福祉基金に関すること
・社会福祉施設整備資金等の貸付けに関すること
・民生委員の指揮監督や委員の推薦
・定数の決定等に関して意見を述べる等の事務を行うこと
・災害救助法に関する事務を行うこと
・災害被災者に対する援護に関すること
・戦傷病者戦没者遺族等援護に関する請求書等の経由に関する事務を行うこと
・在宅高齢者の社会参加活動に関すること
・社会福祉法人の設立認可
・監査指導等及び助成を受けた社会福祉法人に対する指導監督に関する事務を行うこと
・福祉施設の指導監督等に関する事務を行うこと
・臨時福祉給付金に関すること
・保健福祉部各課及び保健所に係る事務の連絡調整
・保健福祉部長の事務補助その他保健福祉部内の他課及び保健所の所管に属しない事務に関すること
※盛岡市市長部局の行政組織及び運営等に関する規則の一部を修正して掲載

（3）地域福祉計画策定業務の実際

ア　盛岡市における地域福祉計画の概要

　盛岡市では、2006年度末に、盛岡市地域福祉計画（2005〜2014年度）を策定、その後、2014年度末に第2期盛岡市地域福祉計画（2015〜2024年度）を策定しており、両計画とも中間年となる5年目に必要な見直しを行っています。これらの計画は、市の総合計画の基本構想に

基づくとともに、社会福祉法第107条に規定する市町村地域福祉計画及び保健福祉分野を推進するための総括的な計画として位置付けられています。

イ　計画の策定を経験して

　地域福祉計画の策定にあたっては、住民ニーズや意見の把握をどれだけ行えるかが重要になります。また、専門的な見地からの意見聴取も行いつつ、各分野の施策が有機的に結び付くような体系に整理する必要もあります。他の福祉関連計画の総括的な位置付けがあることから、関係課やその関連団体との連携も欠かせません。こうした幅広い観点からアプローチする必要があるため、計画策定時期の早い段階から準備を行う必要があります。

　第2期盛岡市地域福祉計画策定にあたっては住民等の意見把握のために、策定までの約3か年にわたって、盛岡市社会福祉審議会での意見聴取のほか、地域福祉計画アンケート、高校生を対象とした地域福祉ワークショップ、関係課打ち合わせ会、関係課長を対象としたフォーカスグループインタビュー、地域福祉計画策定アドバイザリーボード、パブリックコメント、地域福祉ワークショップ、共生社会づくりフォーラム・シンポジウムの開催等に取り組みました。

　こうした業務は、市役所内の関係課だけでなく、事業者や地域の方々を巻き込んだ形で展開されますので、多くの方にとって負担となる機会であったと思います。しかし、このような策定プロセスを踏んだことが、その後、地域福祉コーディネーター（CSW）の配置、厚生労働省のモデル事業を活用した多機関連携による総合相談の仕組みである「まるごとよりそいネットワークもりおか」の設置、地域における子どもの学習支援など具体的な取組につながりました。不十分な点もあ

りつつも、理念的なものになりがちな地域福祉計画を、実行性を伴う形で推進できていると感じます。

　行政担当者は3～5年の周期で入れ替わり、当時の策定にかかわった職員は誰もいないため、その計画の実行性を維持することや、必要な見直しを行うことは容易ではありません。計画策定時に、事業者や地域の関係者がしっかりと参画できる体制や、理念や取組を共有していく場を整えることは、計画の実行性を担保することにもつながると考えています。

💬 （4）民生委員・児童委員関連業務の実際

ア　概要

　盛岡市の民生委員・児童委員の2021年度末現在の定数は、595人（主任児童委員56人を含む。）です。また、盛岡市には現在28の地区民生委員協議会が設置されており、協議会ごとに会長、副会長が1人ずつ選出され、民生委員相互の研修や連絡調整を図るため、毎月上旬に各地区で会議が開かれています。

イ　委嘱までの流れ

　盛岡市における基本的な流れとしては、町内会長・自治会長からの推薦を受けた方を、盛岡市民生委員推薦会（7名で構成）で審査し、民生委員候補者としています。また、盛岡市民生委員推薦会から推薦を受けることが可となった場合は、盛岡市社会福祉審議会民生委員専門分科会（5名で構成）に諮問し、候補者として可となった方を厚生労働省（東北厚生局）に民生委員候補者として推薦します。中核市に移行した際に都道府県知事が行った権限を盛岡市が担うことになった

ことから、分科会の開催、民生委員の指導・監督など、ある程度の事務が増えることになりましたが、委嘱までの期間が短縮されたことや、民生委員との関係性が近くなったことから、メリットの方が大きくなっています。

ウ　民生委員とともに

　法律的な位置付けとしては、盛岡市は民生委員を指導・監督する立場にあります。といっても、実際に民生委員関連業務を5年間担当した経験上、1人の担当者が約600人の民生委員・児童委員を個別に指導することは難しいのが実情でした。

　盛岡市では、各地区の地区民生委員協議会の運営体制がしっかりと構築されていましたので、毎年、各地区民生委員協議会を訪問し、地区民生委員協議会単位で信頼関係を構築することを優先させました。また、これまで年1回の全体研修だったものを新任者編、基礎編、実践編、主任児童委員編などの個人のレベルに合わせて分けて開催するなど活動の質の向上を図る機会の充実に取り組みました。

　緊急的な対応が求められたりする場合に夜間や市役所の閉庁日であることも少なくないため、民生委員が安心して活動できるよう、24時間体制で連絡を取れることを周知しました。また、可能な限り現場に駆け付ける体制をとることや、民生委員から引き継がれた支援対象者に対する対応状況をできるだけ報告するなど、日頃から何かあった際にどうしたらよいだろうかという不安に寄り添うことができる環境を整えることで、民生委員との信頼関係が構築されていくと思います。

　盛岡市では民生委員の欠員は少ない方だと思いますが、担い手不足は否めず、一斉改選で約3割の民生委員が交代します。民生委員候補者の推薦は地域に頼るところが大きいのですが、そのこと自体が負担

になっていることも事実として受け止めなければいけないと感じています。行政が求めがちな民生委員としての理想的な姿は、担い手不足の1つの要因なのかもしれません。こうした問題に対し、筆者は答えを持ち合わせていませんが、今でも民生委員から連絡があることがあり、日々活動されている方々が、安心して活動できるように寄り添っていきたいと、心からそう思っています。

（5）社会福祉法人の指導監査、施設などの指導等業務

ア　社会福祉法人の指導監査の概要

（ア）社会福祉法人指導監督

　社会福祉法人について、市内に住所を有し、かつ、市内のみで事業運営を行う社会福祉法人（2022年3月31日現在：51法人）の所轄庁として、社会福祉法の規定により法人設立の認可等のほか、社会福祉法人の業務及び財産状況の検査、措置命令、業務の停止命令、役員の解職勧告、解散命令等の指導監督業務を行います。社会福祉法人の指導監査は、適正な法人運営と円滑な社会福祉事業の経営の確保を図る目的で、関係法令や通知による法人運営、事業経営に関する監査事項について、指導を実施しています。

（イ）施設等の指導等業務

　施設等について、関係法令等に基づき、必要な助言及び指導又は是正の措置を講ずることにより、施設等の適正な運営、サービスの質の確保、利用者処遇の向上などを図るため、児童福祉施設等、婦人保護施設、老人福祉施設等、介護保険施設等障害福祉サービス事業者等の施設について指導を実施しています。

イ　指導監査業務を脇目で見ていて

　指導監査の仕事は、市役所の業務の中でも特殊な部類に入るもので、各分野の法令や細かく定められた基準などを正しく解釈し、監査という現場で適切に運用していかなくてはいけない大変な業務です。日々制度改正が行われる中で、その業務の特殊性に対応するのは職員にとっても簡単なことではありませんが、多様な主体が提供する福祉サービスの質の確保などとても重要な役割を担っており、やりがいのある仕事です。

（6）災害救助法・赤十字関連業務の実際

ア　災害救助法関連業務

　筆者が、災害救助法に関連する事務を経験したのは、2011年の東日本大震災、2013年の盛岡市内で発生した大雨災害の２回です。基本的には都道府県から委任を受けて実施しますが、当時は、都道府県の担当者も経験が少なく、戸惑うことも多かったと記憶しています。都道府県ごとに実務に差があるかもしれませんが、災害があった際に、その都道府県では細かな対応が難しいと思います。困った時はお互い様です。筆者も他の自治体の方から助言を求められたことがありますので、同規模の自治体で災害を経験している市町村に問い合わせてみてもよいと思います。

イ　赤十字関連業務

　日本赤十字社の業務が地方公共団体の行政目的、すなわち住民及び滞在者の安全健康及び福祉の保持、あるいは防災、罹災者の救護（地方自治法第２条第３項）等の面で密接な関係にあることから、日赤業

務の地区分区における事業の推進等について、盛岡市として協力しています。

　地域福祉課福祉企画係に配属されると、おのずと日赤岩手県支部盛岡市地区の事務員を発令されることになっています。日赤の義援金の窓口になっていることは知っていましたが、地域福祉課に配属された際日本赤十字活動の資金を集める事務を担っていることには驚きました。筆者は、実務を担当したことはありませんが、活動資金を集めるため、町内会の協力をいただくことや、個人からお金を徴収することは、実際の事務としてもそれなりの負担があります。しかし大規模災害だけでなく、個人住宅の火災の被災世帯への救援物資の交付も行うため、市民の方々にとってもとても心強い仕組みだと思います。

（7）新任者へのメッセージ

　地域福祉課の業務はとても多岐にわたったり、制度の枠組みにとらわれないアプローチが求められるほか、市区町村の地域特性やこれまでの歴史背景などによっても、アプローチの仕方が変わってくるところが、この分野の面白さであると感じています。ただ、正解があることに対してのアプローチというより、正解のない課題に、納得の得られる最適解らしいものを提案し続けなければいけない、こうした業務を公務員として面白いと思えるかどうかが問われる仕事だと思います。

ア　管理職になった方へ

　地域福祉と指導監査の立場を両立させることの難しさを部下としてみてきましたが、管理職自らが現場に出向き、市民や事業者の方々とコミュニケーションをとる機会を多く作ることで、相手との信頼関係

を築くことが大切だと思います。

　そして、管理職が現場に出向くことが多くなると、管理職を補佐することになった方は、部内外の調整などを一手に引き受けることになります。課長補佐は内部調整に徹するくらいが、組織全体としてはうまく回るのではないかと思えるくらいです。すべてのことを把握しようとするととても大変だと思いますので、それぞれの市区町村の都合に応じて、何かをあきらめることも1つの選択肢と考えてよいのではないでしょうか。

イ　現場で奮闘することになった皆さんへ

（ア）定型的な業務が得意な方へ

　定型的な業務を正確にこなす方が得意なあなたには、地域福祉計画を策定するための基礎調査分析や戦没者遺族等の援護関係の事務などが向いているかもしれません。

　ただ、せっかく地域福祉業務を担当することになったのであれば、一歩地域に足を踏み出してみてはいかがでしょうか。地域には地域福祉の担い手として、民生委員だけでなく、社会福祉協議会や福祉関連の事業者が現場で試行錯誤しています。あなたが苦手とする「面白いアイディア」を持ち合わせているけど、それをカタチにすることが苦手だったりすることもあるはずなので、自分の得意な分野を活かした関わりを見つけることができれば、つかみどころのない地域福祉の業務を楽しむことができるかもしれません。

（イ）ビジネスライクにいきたい方へ

　ビジネスライクに仕事をしたいあなたは、社会福祉法人の指導監査などと相性が良いかもしれません。残念ながら、筆者はそんなあなたに地域福祉の現場の楽しさを伝える表現を持ち合わせていませんが、

ビジネスライクでいたいあなたが、現場でひたむきに地域課題に向き合う地域の担い手や事業者にどのような感情を抱くことになるか、楽しみです。

（ウ）企画をどんどん立てていきたい方へ

　あなたにとって、地域福祉領域は相性も良く、活躍の場になると思います。積極的に地域の声を聴き、ともに活動していく中で、中心的な役割を担える立場になりえますが、地域の担い手が主役であることを忘れず、地域の自主性やその活動の持続性を高めることを念頭において活動することで、あなたが異動した後も、その活動の継続性は高まると思います。また、企画をどんどん立てることで、業務量が増えていくという側面もあります。そんなあなたが、地域福祉というフィールドで組織としての業務の持続可能性を確保しつつも、周りからの信頼を得ながら、全国で新たな地域福祉の取組が展開されていくことを心から期待しております。

ウ　地域福祉業務の魅力

　筆者は地域福祉課を異動して、企画部署での地方創生などの担当を経て、現在は地域経済の振興を図る担当をしていますが、新しい職場での取組の視点に地域福祉課時代に培われた感性や人とのつながりは良い意味で大きな影響を与えています。現場にいた際はそこまで思いませんでしたが、地域福祉業務は、事業者や地域の担い手の役割が大きく、まちづくりや地域づくりの中心にある業務だと感じています。

　地域福祉の現場は範囲もその深さも広がりを見せています。そんな中で、市役所、民生委員、事業者の誰かが頑張ればなんとかなるという状況にはありません。地域の担い手だけではなく、公務員一人ひとりも個性があり、得意なこと、苦手なことがあると思います。お互い

の弱いところを補完しながら、それぞれの強みを活かしていくことが大事になってきます。地域福祉の仕事は、そんな機会に満ちた仕事だと思っています。

3 市町村における地域福祉業務 —高知県本山町の事例から—

 （1）地域の概要と福祉行政の組織体制

ア　高知県本山町の概要

　高知県本山町は四国の中央部に位置し、町面積の約92％を山林が占め、日本三大暴れ川の１つといわれている吉野川が東西に流れる自然環境の豊かな中山間地域の町です（図表3-7）。

　産業構造は農林業（特に稲作）を中心とする第１次産業で生計を立てている割合が高いですが、高齢化比率が非常に高い地域であることを背景に、近年は医療や介護等の福祉サービスに従事する割合も高まっています。

　町の人口は、3,261人（2020国勢調査人口）で、この５年間で8.7％減少しました。高齢化比率は46.8％の県内でも少子高齢化が進んだ小規模自治体でありますが、町内には救急病院の町立国保嶺北中央病院（病床数99床）を有し、地域住民の命と暮らしを守る拠点機能をもった嶺北地域（本山町、大豊町、土佐町、大川村の３町１村）唯一の総合病院が運営されています。

　また、町内には民間の社会福祉法人が運営する総合型福祉施設（特別養護老人ホーム定員80名、養護老人ホーム定員60名、ケアハウス定員30名、グループホーム定員18名など）や障害者支援施設（定員50名）などがあり、嶺北地域の医療や福祉の中核を担う施設を有しているのが特徴です。

図表3-7　四国の中の本山町の位置

イ　福祉行政の組織体制

　住民の命と暮らしを守る医療・介護・福祉などの業務については、健康福祉課が一元的に担当しています。

　本町の特徴として事務所となる保健福祉センターが町立病院と併設して渡り廊下でつながっていることから開設当初より病院との連携を重視した運営体制となっています。病院職員とは電話回線を双方共有していつでも内線で通話できるようになっています。また、病院から専門職員（看護師、社会福祉士、ケアマネージャーなど）の派遣を受けて、地域包括支援センターや居宅介護事業所の運営にも力を入れており、高齢者訪問等を通じて住民に寄り添った地域包括ケア体制の実現に向けて日々奮闘をしています。

　また、本町は前述したとおり、小規模自治体でありながら本地域の

医療や福祉の中核を担う施設を有していることから、少子高齢化がますます進行していく中で、住民を中心とした地域連携の包括的支援体制の構築に向けて、本町の持つ社会資源や人材を活かした様々な取組にチャレンジしています（図表3-8）。

図表3-8　住民を中心とする地域連携の目指す姿

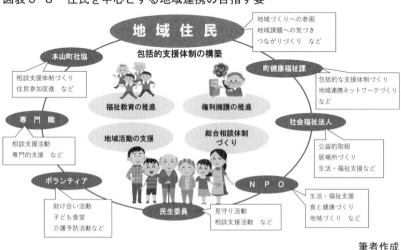

筆者作成

（2）地域福祉関連業務の概要

ア　小規模自治体での福祉ネットワークの構築について
〜誰もが安心して暮らし続けられる地域を目指して〜

（ア）権利擁護センターの設置

　人口約3,300人の本町において、町単独で中核機関である「権利擁護センター」を設置することは、人的、財政的にもハードルが高いと感じるところですが、医療や福祉の大きな施設を有し、超えなければならない問題・課題も山積していたことから、権利擁護センターを中

心とする福祉ネットワークの構築を目指して、2017年度より設立準備の体制を整備し、設立準備を進めてきました。

　本町では以前より、中山間地域にありがちな地縁、血縁関係が色濃く残っていたおかげで、これまでは住民に対して、入院時の身元保証の問題や死後事務等であまり悩む必要のない状況でした。兄弟、親戚縁者、地域の方々が故人の死後まで面倒をみてくれる風潮があったのです。しかし、時代の流れや住民の高齢化とともにキーパーソンとなる住民自身も高齢化していき、個別の課題が増えてきました。また、認知症高齢者の問題や障害分野における「親なき後問題」などが顕著となってきたことから、意思尊重支援の動きが重要視されるようになりました。2018年4月より町社協において法人後見事業開始の体制が整ったことから、本町の権利擁護システムの歯車が大きく動き出し、同年6月に設立検討委員会設置条例を制定、同年10月に町社協と権利擁護センター委託契約を締結、同年11月にセンター設置条例及び事業実施要綱を制定、そして同年12月に中核機関として「本山町権利擁護センターさくら」(以下、「センター」)が開設されました(図表3-9)。

（イ）課題に対応した重点機能の展開

　センターは行政直営プラス一部委託（町社協）で設置されました。高知県では初の中核機関開設であったため、県社協や三士会（弁護士会、司法書士会、社会福祉士会）から大きなサポートを受けることができたのは幸運でした。開設の流れからセンターの運営委員会メンバーにもその代表に入ってもらい、本町における権利擁護事業や成年後見制度などに関する課題を具体的に協議できる体制が整った訳です。

　センター開設以前は、制度や法手続が複雑で行政、福祉関係者でも理解が不十分であったことや、専門的な問題を相談できる窓口との接点が少なく、福祉課題を共有できても一歩踏み込んだ解決策への道筋

図表3-9　「本山町権利擁護センターさくら」と地域連携ネットワークイメージ

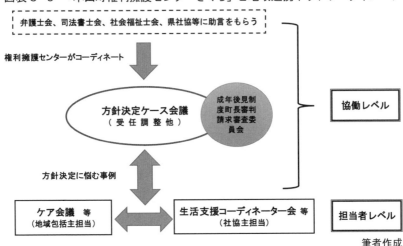

筆者作成

を見通すことができず、力不足を感じる場面も多かったと推測しています。しかし、専門知識を有するメンバーが加わり、ともに評価・検証し助言をもらうことで、方針決定までのプロセスの中で担当者間の問題意識と協働レベルが高まり、知識が深まることで職員個々のレベルアップにつながっていると確信しています。

（ウ）今後の課題と展望

　「こんなセンターができるのを待っていた」とセンターが設立された翌日にある住民から電話がありました。その方は介護サービスを利用している配偶者と、障害サービスを利用している子どものいる世帯の方でした。それぞれのサービス事業所等との関係性もよく、相談しにくい雰囲気ではなかったと思いますが、「今は何も困ってないが、将来に不安がある。不安くらいのことで役場や社協に相談することに躊躇があった」とその方は言いました。そして、「自分だけでは、何が不安なのかさえ分からない」とも言いました。

　今後、困っていることに気が付いていないであろう住民に対し、さらなる広報や啓発が必要であると考えています。そのために、困っている、困っていないに関わらず、行政の担当者から本人の自宅等に出向いていく支援であるアウトリーチのあり方について、検討の必要があります。

　国の方針では10万人規模に１つの中核機関の設置が検討されていますが、本町の場合、嶺北地域の近隣市町村（３町１村）と合わせても人口約１万人です。年間の相談件数（2021年度実績８件）を考慮すると本町単独での中核機関設置は、余力を持った設置ととらえることができます。よって、潜在的な問題を抱えている相談者を掘り起こし、先手先手の対応で相談者と悩みを共有し、課題解決の方向へ導いていくことが現在の課題であり、今後の取組目標となっています。

　小規模自治体だからこそ小回りが利き、住民と対話しやすいメリットを活かして、これまで培ってきた福祉ネットワークをベースに、今後は「重層的支援体制整備事業」への移行に向けた体制整備も図りながら取組を更に前進させ、住民が主人公で誰もが安心して暮らし続けられる地域を目指して、権利擁護などの各施策をバージョンアップさせていきたいと考えています。

イ　町立病院と協働したフレイル予防対策について
～本山町の保健事業と介護予防の一体的な取組～

（ア）本山町の取組概要について

　2019年10月「高齢者の特性を踏まえた保健事業ガイドライン（第２版）」では高齢者の保健事業に関する課題として、75歳に到達すると国民健康保険制度等から後期高齢者医療制度に切り替わるため、①それぞれの保健事業が適切に継続されてこなかったこと、②後期高齢者

医療での保健事業が健康診査のみの実施になっていることが多いこと、③健康状況や生活機能の課題に一体的に対応できていないこと、などが挙げられています。基礎自治体である市町村は、住民に身近な立場からきめ細やかな住民サービスを提供することができ、保健事業や介護予防についてのノウハウを有していることから、市町村が高齢者の保健事業と介護予防事業を一体的に実施することができるようになりました。

　少子高齢化の進行に歯止めが利かず、介護給付費の増加が続き、介護保険会計予算が圧迫していた本町においても、何か手を打たなければならない状況でした。本事業の中で特に重要視したのが、「地域の医療関係団体と連携を図りながら、医療専門職が通いの場等にも積極的に関与し、フレイル予防にも着眼した高齢者への支援を行う」ことでした。

（イ）町立病院との連携によるフレイル予防対策について

　保健事業と介護予防の一体的な取組を進めるにあたり、本町の持つ強みである町立嶺北中央病院との連携による通いの場等へ積極的な関与（ポピュレーションアプローチ）を進めていく計画を立てていましたが、本町では各地区に健康推進員を配置して地域ミニデイ（百歳体操など）をすでに町全域で展開していたことから、その場へ医療専門職を派遣することとしました。なお、人員の確保については調整が難航しました。当初、健康福祉課保健師を中心に事業全体をコーディネートしていく計画で考えていましたが、小規模自治体における保健師業務は子どもが生まれる前（妊婦対応）から最期を看取るまでと多岐に渡る業務を少ないスタッフで兼務しており、国のガイドラインで示されている専任職員を配置することができず、事業の見通しが立たない状況となりました。

　そのような状況の中、次年度より嶺北中央病院に赴任される予定の整形外科医師と次年度事業について意見交換する機会を得て懇談する中で、「地域に入ってフレイル予防対策を一緒に進めていきたい」との、正に渡りに船ともいえるお言葉をもらい、懸案の人材確保についても病院から介護予防担当の看護師1名を派遣してもらえることとなり、医療専門職（医師、看護師、保健師など）の連携によるフレイル予防対策（通いの場等へ積極的な関与）を本町独自の方法で進めていく体制が整いました（図表3-10）。

図表3-10　本山町の保健事業と介護予防の一体的な取り組みのイメージ図

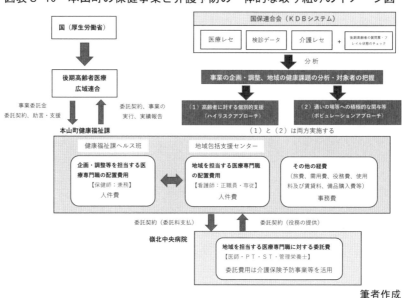

筆者作成

（ウ）医療専門職を中心とした地域の通いの場での実践について

　本町の保健事業と介護予防の一体的な取組目標は、①高齢者が身近な場所で健康づくりに参加できることを目指すこと、②フレイル状態

にある高齢者を適切な医療や介護サービスにつなげることによって疾病予防・重症化予防を促進することを目指し、健康寿命延伸につなげること、③地域全体で高齢者を支えることにより、地域づくり・まちづくりの活性化につなげること、の3点を掲げています。

　特徴として、医師自らが通いの場へ直接出向き、地域ミニデイ活動等に参加し、健康講話や運動教室等（下記①〜③を参照）の企画・運営を行っています。

①通いの場である地域ミニデイにおいて、「新型コロナ感染症と予防」やフレイル予防対策（筋力低下防止・栄養の必要性など）について健康教育や健康相談を実施

②通いの場等において、後期高齢者質問票の活用や体力測定会等の健康チェックの機会を設けて、高齢者の健康状態や低栄養・筋力低下等の状態に応じた保健指導や生活機能向上に向けた支援等の実施

③通いの場等における取組において把握された高齢者の状況に応じて、健診や医療の受診勧奨や、地域包括支援センター等へつなげて介護サービスの利用勧奨などを実施

　様々な実践を通じて、健康に対するモチベーションが向上することはもとより、科学的根拠を持って助言を行うことで、参加者からは「先生からためになる話を聞いてやる気が出た。健康長寿のために続けないかん」と高齢者自らが日常の生活習慣を見直すきっかけとなっており、食事や運動の重要性を意識した継続的な取組につながっていると実感しています。また、すでにフレイル状態にある高齢者に対し保健医療の支援が加わることで、適切な医療（受診勧奨）の提供や、介護サービスにつなげていくことを目指し、取組を進めています（図表

3-11)。

図表3-11　第8期介護保険事業での介護予防対策

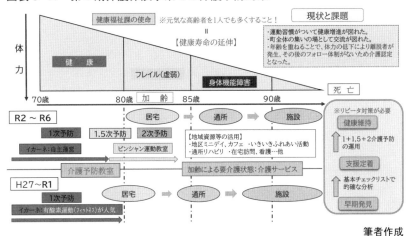

筆者作成

（エ）今後の課題について　～他課との連携で、新たな取組を模索～

　今後の課題として医療専門職からは、「参加者のほとんどが女性であり、元から健康意識が高い方が集まっている」「生活習慣病やアルコール問題などを抱える男性に対し、アプローチしていきたいが、呼び掛けても集まらない」との問題提起がありました。この問題については本町の男女別の平均寿命の推移や介護保険新規認定者の年齢からみても明らかであり、高齢者男性をいかに通いの場へ引き込んでくるかが、大きな課題となっています。

　そこで考えたのが、介護予防と防災活動の連携した取組です。本町には全24地区に自主防災組織がすでに組織化されており、その中心メンバーは消防団OBや定年退職後に帰町した60～70歳台の男性です。皆、体調は元気で、健康づくりにも関心はありますが、女性の多い通いの場へ参加することは苦手という方が多い傾向があります。そこで、

今後は自主防災組織の会合等の場を利用して、健康講話の実施やフレイル予防の必要性を訴え、南海地震等の大災害時においては、日頃より動ける体を維持しておくことが重要で、自らの命を守ることにつながり、自助・共助の取組にもつながっていくとの観点から、防災担当課と連携した取組を進めていく計画になっています。

図表3-12　男性の参画も目指す本山町の介護予防計画

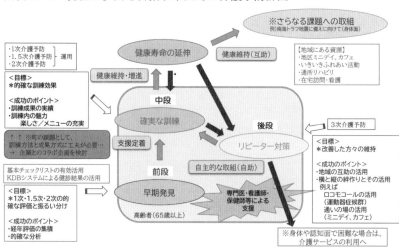

筆者作成

（3）どこにいても誰にとってもメリットを実感できる運用をめざして

　近年、地域福祉の現場は、高齢者福祉、障害者福祉、児童福祉、新型コロナ対策など、対応すべき課題が多種多様に広がり、複雑化しており、小規模自治体においては限られた職員数の中でマンパワーが不足し、住民の要望や期待に応じることが困難になって職員自身が疲弊・困惑し、先行きを見通しにくい厳しい現実があります。また、福祉の仕事は、10人の支援が必要な住民がいれば、10人それぞれ違うアプ

ローチで対応していく必要があるとともに、担当者それぞれにも考え方の違いや思い入れにも差異があります。非常に大変な仕事でありますが、その分、やりがいや達成感を味わうことができる重要な仕事だと思います。

　今回、本町における地域福祉の実践の一部について、紹介しましたが、本町においては行政の力だけでは、困難な課題に対応していくことが難しく、持っている社会資源や人材を有効活用し、外部有識者等の力も借りて、まず組織体制から見直し、試行錯誤を繰り返しながらワンチームとして取組を前へ進めている段階です。

　よって、各施策の成果や効果が目に見えて現われてくるのは数年先になると考えていますが、経験豊富な専門職が組織に加わり、互いに対等の立場で議論を交わし、地域住民個々の課題に寄り添うことで「どこにいても誰にとってもメリットを実感できる運用」を目指して、これからも取り組んでいきたいと思います。

　今回、ご紹介した本町の取組の実践や提案が、新しく福祉部門に携わることとなった職員の皆さんが今後の地域福祉活動を進めていくうえで、参考や一助になれば幸いです。

第4章

地域福祉の
キーワード

1 地域共生社会と重層的支援体制整備事業

（1）地域共生社会との向き合い方

　本節では近年、地域福祉政策における重要キーワードとなっている「地域共生社会」について、解説します。現在、筆者は大分県にある臼杵市役所の職員として勤務していますが、2016〜2020年度まで、厚生労働省老健局総務課／社会・援護局地域福祉課地域共生社会推進室併任の課長補佐として、地域包括ケアシステムと地域共生社会の実現に向けた関連施策の立案に携わっていました。元々は、保育ベースの対人援助職として、障がい分野、高齢分野の支援に携わってきたのですが、幸運なことに地域をめぐる厚生労働省の政策立案に関わる機会をもらい、現在は生まれ育ったまちをフィールドに、基礎自治体職員として地域の未来づくりを実践するまたとない機会を得ています。このような落ち着きがないとも、カラフルとも言える経験を踏まえ、この施策の背景や自治体地域福祉行政の役割について、できるだけ分かりやすくお伝えしたいと思います。これから地域福祉行政を担当される皆さんの理解の一助となれば幸いです。

　さて、「地域共生社会」という言葉を耳にする機会が増えたものの、「あまりにも漠然としており、イメージができない」「所掌事務に追われる毎日の中、地域共生社会の実現を目指す意義が感じられない」といった意見等も多いことかと思われます。

　地域共生社会とは、誰のために、何を目指す取組なのでしょう。これまで充実させてきた既存の取組を否定し、やり直さねばならないものなのでしょうか。これまでの経緯や新設された事業の枠組みを知る

につれ、地域共生社会の実現という美しい響きの中に、とてもシンプルかつリアルな「自治体の持続可能性を高めていくための羅針盤」が見えてきます。コロナ禍により自治体を取り巻く状況が逼迫している中、新たな取組を始めることへの抵抗感もあるかと思います。しかし、ニューノーマル（新しい常態）と言われる住民の生活が形成されつつある今だからこそ、取り組めることがあるのではないでしょうか。

　もちろん、一定の答えは存在しません。答えは社会や価値観等の変化とともに変わっていくと思っています。一方で私たちが地域共生社会の概念や背景、実現へ向けた方策を正しく知っておくことが、これからの「わがまちづくりの指針」になり、「あらゆる変化への備え（予防）」になっていくと考えています。

（2）地域共生社会の概念とその実現が求められる背景

　厚生労働省から地域共生社会に向かう政策の方向性が示されたのは、2015年9月の「新たな時代に対応した福祉の提供ビジョン」に遡ります。この報告において、高齢化の中で人口減少が進行するとともに、福祉ニーズが多様化・複雑化していることを背景に、「地域をフィールドに農業や教育等の異分野と連携する包括的な相談システム」「高齢・障害・児童等への総合的な支援の提供」「総合的な人材の育成・確保」「効率的・効果的なサービス提供のための生産性向上」の4つの改革に取り組むことで、"地域住民の参画と協働を基盤とした誰もが支えあう共生社会を実現する"という向かうべき将来像の提案がなされました。

　その後、2016年6月2日に閣議決定されたニッポン一億総活躍プランにおいて、「子供・高齢者・障害者など全ての人々が地域、暮らし、

生きがいを共に創り、高め合うことができる『地域共生社会』を実現する。このため、支え手側と受け手側に分かれるのではなく、地域のあらゆる住民が役割を持ち、支え合いながら、自分らしく活躍できる地域コミュニティを育成し、福祉などの地域の公的サービスと協働して助け合いながら暮らすことのできる仕組みを構築する。また、寄附文化を醸成し、NPOとの連携や民間資金の活用を図る」とされた地域共生社会の実現についての記載が盛り込まれました。この記載の冒頭部分が目的（理念）であり、「このため」以降の後半部分は目的を実現させるための手段として書かれています。

　このニッポン一億総活躍プランには、女性も男性も、お年寄りも若者も、一度失敗を経験した方も、障がいや難病のある方も、家庭で、職場で、地域で、あらゆる場で、誰もが活躍できる、いわば全員参加型の一億総活躍社会を実現することで、経済成長の隘路である少子高齢化と向き合い、子育て支援や社会保障の基盤を強化することが経済を強くするという「広い意味での経済政策」の一部として打ち出されたという経緯があります。人口減少が進む中でも、子どもを産み育てやすいような寛容で心豊かな環境をつくり、様々な人々が活躍しやすい生活環境を整えていくという方策が「地域の持続可能性を高めていく」という考え方について、より多くの分野や主体と共有し、従来の福祉の枠組みを超えた地域コミュニティの育成に向けた取組を展開していくかが大きな鍵となります。

　様々な人々が活躍しやすい生活環境を整えていくにあたって、日本におけるこれまでの社会的な保障は、子ども、子育て、高齢者といった「世代」や、障がい、生活困窮といった「属性（状態像）」ごとに、抱えやすいリスクや課題を解消するため、それぞれの制度等の充実が図られてきたという経緯を知っておくことが重要です。

　これらの制度等の充実や浸透に伴って、私たちの暮らしやすさや安心感は増しています。その一方で、「支える側」と「支えられる側」といった線引きが知らず知らずのうちに生まれていることも事実です。また、制度等の対象（世代・属性）にうまく当てはまらず、困難さを抱えていても支援の手が届かない人々も存在します。

　こうした現状の背景には、急激な人口の変化があります。江戸末期に3,300万人だった日本の人口は、150年ちょっとの間に、約4倍の1億3,000万人近くまで増加しました。2004年をピークに日本は人口減少社会に転じています。2100年には中位でも、約4,700万人まで減少するという推計がなされています。また、人生100年時代と呼ばれるように長生きできる時代が到来したことに伴い、2100年の高齢化率は40％を超えていく見込みです（図表4-1参照）。

　また、少子高齢化に伴い、15〜64歳までの生産年齢人口の減少が加速していくといった人口構造の変化も著しい状況です。

　このように大きく社会が変化していく中で、今私たちはジェットコースターのような曲線において急激に下っていく位置に立っています。この厳しい現実の中で、昔ながらの血縁、地縁、社縁などの支え合いといった共同体機能は弱まり、未婚率や離婚率の高まりなど価値観の変化もミックスされ、私たちが暮らすうえでのリスクは複雑化・複合化しています。そもそも、個人や世帯が抱える「生活上のリスクや課題」はそれぞれに多様であり、さらに要因が複合化し、複雑に絡み合うほどに解きほぐしづらく、何からどのように対処すればよいのかと支援の困難さが増していきます。また、根本的な解決が図れない課題も多く、伴走型（寄り添い型）の継続的・長期的な支援の必要性も高まっています。

　これからも増加していく複合化・複雑化した課題を抱える人を支え

図表4-1　我が国における総人口の長期的推移

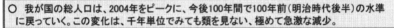

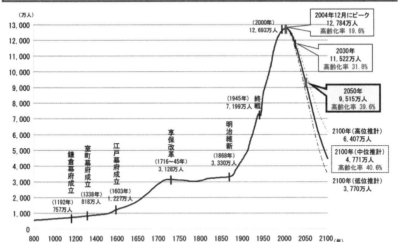

出典：「国土の長期展望」中間とりまとめ　概要（平成23年2月21日国土審議会政策
　　　部会長期展望委員会）

　ていくためには、行政職や専門職が世代や属性を超えてつながり、効
果的な支援が行えるための支援ネットワークの強化等の環境整備が求
められます。それに加えて、支援関係機関だけですべての世帯や個人
が置かれた状況を掌握し、状況が深刻化する前に対処することは困難
を極めます。しかし、日頃からのつながりがあれば、変化に気づきや
すく、適切な支援へとつながっていくため、住民同士、専門職と住民
等、人と人が多様な経路で相談につながりやすい環境づくりが望まれ
ます。

　また、課題を抱える人々には、地域社会とのつながりが希薄（望ま
ない孤独・孤立）になっている人が少なからず存在するため、地域社
会とつながるための社会参加の機会が求められます。しかし、地域住
民、福祉に係る支援関係機関、行政の関係者だけで、就労、居住、居

場所等といった社会参加のメニューを充実させていくには限界があります。このことからこれまでは関わりが少なかった分野にも手を広げ、関係者を増やしていくための方策も欠かせません。福祉といった従来の枠組みを超えて、産業等の多分野の多様な主体とつながり、市区町村全体が一つのチームとして機能することが重要になります。

　このような人材確保や育成につながる取組の展開においては、地域での生活を構成する多様な主体（住民組織、商店や企業、ライフライン事業、学生等）が気軽に「参画」でき、一人一人が当事者であるという共通感覚を持って「協働」できる場（プラットフォーム）の有無が大きな分岐点になります。

（3）重層的支援体制整備事業

　前述したような地域共生社会の実現を目指す自治体の取組を支えるためツール（手段）の一つとして、2021年4月より、社会福祉法の改正に基づく「重層的支援体制整備事業」が始まっています（図表4－2参照）。

　この事業は、市町村の手上げによる任意事業であり、「相談支援」「参加支援」「地域づくりに向けた支援」の3つの支援を一体的に実施することを必須とし、子ども・障がい・高齢・生活困窮といった分野別の相談と地域づくりに関する事業の交付金を一体的に交付するものです。この事業が創設された背景には、住民を支えるために分野横断的な取組を始めようとした自治体が、交付された財源の目的外利用という制度の障壁に実施を阻まれるといった実情がありました。本来、制度は国民の暮らしを支えるために作られていますが、自治体による制度運用の足かせになってしまう状況を打開するための方策として、重

図表 4-2　地域共生社会の実現

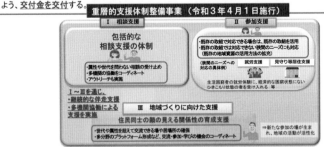

出典：厚生労働省　社会・援護局　資料

層的支援体制整備事業が創設されたという経緯があります。

　分野を超え、財源を一体的に交付することにより柔軟かつ、創意工夫を活かした取組を一体的に執行できるようになり、課題を抱える相談者やその世帯への包括的な支援の展開や、地域住民等による地域活動を支援しやすい仕組みになっています。

　また、全国で一斉に取り組む必須事業ではなく、任意事業であることにも大きな意味があり、前述したように、幅広い関係者と一緒に考えて進めていくプロセスこそが重要であり、準備の整った自治体から始めることが想定されています。

　法律上の事業の内容は、3つの支援を第1号から第3号に規定し、それを支える事業として、アウトリーチ等を通じた継続的支援、多機関協働、支援プランの作成を第4号から第6号に規定しています（図表4-3参照）。

図表4-3　重層的支援体制整備事業について（社会福祉法第106条の4第2項）

		機能	既存制度の対象事業等
第1号	イ	相談支援	【介護】地域包括支援センターの運営
	ロ		【障害】障害者相談支援事業
	ハ		【子ども】利用者支援事業
	ニ		【困窮】自立相談支援事業
第2号		参加支援 社会とのつながりを回復するため、既存の取組では対応できない狭間のニーズについて、就労支援や見守り等居住支援などを提供	新
第3号	イ	地域づくりに向けた支援	【介護】一般介護予防事業のうち厚生労働大臣が定めるもの（地域介護予防活動支援事業）
	ロ		【介護】生活支援体制整備事業
	ハ		【障害】地域活動支援センター事業
	ニ		【子ども】地域子育て支援拠点事業
第4号		アウトリーチ等を通じた継続的支援 訪問等により継続的に繋がり続ける機能	新
第5号		多機関協働 世帯を取り巻く支援関係者全体を調整する機能	新
第6号		支援プランの作成（※）	新

（注）生活困窮者の共助の基盤づくり事業は、第3号柱書に含まれる。
（※）支援プランの作成は、多機関協働と一体的に実施。

出典：厚生労働省　社会・援護局　資料

　新しい仕組みが動き始める際には、「どうやればいいのか？」ということに意識が向きがちですが、「なぜやるのか？」を明確にすることにより、わがまちの取組としての方向性や優先順位も検討しやすくなります。

　重層的支援体制整備事業の制度化にあたって、社会福祉法において複数の事業に分かれて規定されていますが、「生活上の困難さを抱えたとしても、地域において孤立してしまわず、暮らし続けることができるための支援体制の整備」、いいかえれば、地域の環境整備であり、それぞれの事業は個別のものではなく、切れ目なく一体的に連動するものとしてとらえ、既存の取組を棚卸して重ね合わせることが求められます。

　「包括的相談支援事業」では、個人や世帯の属性にかかわらない相談を受け止め、対応するための支援ネットワークの強化が主眼となり

ます。何かの課題を抱えた際に、相談支援につながりやすい環境整備が重要であり、多様な相談経路を確保し、どこに相談しても、適切な機関につながっていくための環境整備を行います。

「参加支援事業」では、各分野で行われている既存の社会参加に向けた支援では対応できない本人や世帯のニーズ等に対応するため、地域の社会資源を活用し、就労や居場所など多様な支援を行うことにより、社会とのつながりを回復するための支援を行います。

「地域づくりに向けた支援」では、世代や属性を超えて交流できる場や居場所を確保しつつ、人と人、人と地域の社会資源がつながりやすい環境を整備するために、多様な主体が出会い、気づきを得られるような「人と場」のコーディネートを行います。

そのほかにも、地域に出向き、潜在的なニーズをキャッチアップし、相談に行けない、相談が必要と感じていない等の理由から支援が届いていない人に支援を届けるための「アウトリーチ等を通じた継続的支援事業」、市町村全体で包括的な支援体制を構築するためのコーディネート機能を担う「多機関協働事業」等が社会福祉法上に規定されています。

これらの支援を一体的に組み合わせることにより、重層的なセーフティーネットが強化されるとともに、対象者のニーズに即したオーダーメイドの支援が提供でき、地域内での早期の気づきや企業の地域活動を促進し、新たな社会資源やメニューの創出につながるなど、多くの相乗効果や好循環を生みます。オーダーメイドの支援というと、大変そうなイメージがありますが、適切な支援を早期に提供できることは、さらなる深刻化を防ぎ、結果として負担の軽減につながります。

重層的支援体制整備事業は、福祉的な相談支援の充実だけを目指した取組のように誤解されやすい事業でもあります。「地域のあらゆる

住民が役割を持ち、支え合いながら、自分らしく活躍できる地域コミュニティを育成し、福祉などの地域の公的サービスと協働して助け合いながら暮らすことのできる仕組みを構築する」といった地域共生社会の実現に向かうためのツールの一つです。

　事業について正しく知り、事業の展開を目的化させず、「わがまちでは、この事業を利活用して、何を目指すのか」といった全体デザインや考え方を幅広い関係者と共有し、ともに考え、進めていくプロセスにこそ価値がある事業だという認識を持つことが重要です。

　また、この事業をやらないといけないのだろうかという声も時々耳にしますが、「既存の制度による財源の縛りを緩和し、自治体の実情に見合った取組を実施するために、分野横断的な予算の執行が可能となる」といった、これまでの制度ではありえなかった仕組みであることに加え、このような仕組みが求められるようになっている社会的な背景をしっかりと勘案し、「わがまちの地域コミュニティや支援ネットワークの強化に利活用できる強力なツール」としてとらえ、分野横断的な取組を検討していくことが望まれます。

（4）重層的支援体制整備事業の具体的な展開

　重層的支援体制整備事業は、前述したように着手するかどうかは、市区町村ごとの判断に委ねられています。一方で、2014年の社会福祉法改正時に、市区町村には「包括的な支援体制づくり」に努める旨が規定されています。

　例えば介護保険制度を担当している方の場合には、介護保険法に基づいた制度運用をしているため、社会福祉法については気にかけたことがないという方もいるかもしれません。しかし、社会福祉法は福祉

制度全般に関わる「あらゆる事項の共通基礎概念」を定めている法律であり、分野を超えて共通の認識を持っておくことが求められます。

　そのため、重層的支援体制整備事業の実施の有無にかかわらず、市区町村は地域住民の地域福祉活動への参加を促進するための環境整備、住民の身近な圏域において、分野を超えて地域生活課題について総合的に相談に応じ、関係機関と連絡調整等を行う体制等を整えていくよう努める必要があります。

　包括的な支援体制を各自治体が整えていくにあたって、地域の実情により展開プロセス等はそれぞれに異なりますが、以下のような事項は多くの自治体において必要になると思われます。既存の事業や取組を最大限活用しながら、新たな負担増を抑えつつ、相互理解に基づくリスクや負担感の分散を視野に入れて展開していくことが望ましいと考えています。

① 合意形成

・首長や財政部門を含めた、今後の施策展開に向けての方向性の共有（庁内プロジェクトチームの設置等）

・指標についての検討（前提として、単年度での成果を求めすぎないことを共有）

・地域での暮らしを構成する幅広い関係者との方向性の共有（庁外プロジェクトチームの設置等）

② 計画（わがまちのビジョン、トータルデザイン）

・既存の取組の棚卸し（地域の現状をアセスメントし、既存の取組の強みを伸ばし、弱みを補う）

・幅広い関係者での具体的な取組展開について、理念や趣旨、具体的方策等の共有

・市町村の総合計画等に紐づく計画に基づいた短期・中期・長期を見

　据えたロードマップの策定

③　実施・見通し

・課題を早期キャッチアップするための多様な相談経路の確保

・課題解決に向けた情報共有とフィードバックのためのツール作成（会議を含むネットワークの連結、効率化）

・解決が困難な課題に対する対応策（見守りへの協力体制など）

・既存の取組の弾力的な運用（資源の共有）

・近隣の自治体や都道府県との連携（サブシステムの構築）

・研修会やイベント等を通した広報周知（機運の醸成）

・活動や取組についての発表の場（モチベーションの維持・向上）

・アンケート調査（意識、進捗等の変化の把握）

　また、「市区町村全体がチーム」として機能することを目指すためには、福祉分野で充実させてきた既存のネットワークの強化だけでなく、これまではつながりが少なかった異分野とのネットワークを広げていく視点が求められます。「人」との新たな出会いの中から、新たな気づきが生まれ、次のアクションが自然に発生していくような「場（プラットフォーム）」の構築によって、これまで福祉的な活動に興味や関心を持たなかった方々の「参画と協働」が得られ、地域共生社会に向かう道のりが一歩ずつ進んでいくと考えます（図表4-4参照）。

　なお、「これをやれば、地域共生社会の実現が可能」といった答えはありません。一方、全国各地で地域共生社会の実現を目指した取組や活動等の多様な取組が展開されているため、各省庁等のウェブサイトから参考となる取組事例などを収集することが可能です。何が「わがまちの目指す将来像」にマッチする取組なのか、取組の展開によりどのような成果を得たいか、既存の取組と整合性がとりやすいか等を

関係者全体で共有していくことが重要です。

　厚生労働省社会・援護局が2021年4月に開設した「地域共生社会の
ポータルサイト」を閲覧すると、制度に関することだけでなく、各地
で取り組まれている実践事例や厚生労働省以外の省庁で展開されてい
る地域共生社会の実現に資する取組、関係規定や研修資料など、幅広
い情報が得られます。

図表4-4　多分野協働のプラットフォームの展開（イメージ）

- 地域の様々な主体が集い、多世代の交流や多様な活躍の機会や役割を生み出し、地域社会からの孤立を防ぎ、人と人、人と資源がつながりやすい環境を整備（ネットワーク構築）した結果として、多様なプラットフォームが形られていく。
- 重層的支援体制整備事業における「プラットフォーム」とは、分野、領域を超えた地域づくりの担い手が出会い、新たなつながりの中から更なる展開を生むための"場"（拠点だけではなく、機会等も含む）を指す。
- こうした地域のプラットフォームは、地域に一つではなく多様に存在していることが重要であり、多様性を確保するためには、既存の協議の場等を把握し、活用しながら整備していくことが求められる。
- 行政主導の展開ではなく、これまでつながりが薄かった様々な関係者が新たに出会い、気づきや学びを得て、目指す方向性や将来像を共有しながら、地域における多種多様な活動が活性化されていくプロセスが、地域自体の継続性を高めることにもつながっていく。

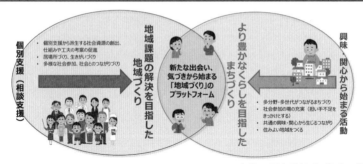

出典：厚生労働省　社会・援護局
第4回「地域共生社会に向けた包括的支援と多様な参加・協働に関する検討会」資料
を筆者改変

（5）これから行政職に求められること

　これまで厚生労働省が推進してきた「地域包括ケアシステム」が「地域共生社会」に変わったと受け止める方もいらっしゃいますが、自治体にとって双方ともに不可欠な政策であると考えています。

　地域包括ケアシステムは、高齢者分野を出発点として改善を重ねられてきたものであり、暮らしを中心に据え、高齢者に必ず必要となってくる医療と介護を切れ目なく連携させつつ、自助や互助の要素が多い介護予防や生活支援を含めて、日常生活圏域においてネットワークとして機能させていくためのシステム、すなわち手法です。

　地域共生社会の実現は、日本社会全体のビジョンであり、向かうべき目標といえます。これまで地域包括ケアシステム構築に向けて培ってきたノウハウ等を利活用しつつ、地域共生社会の実現へと向けた取組の展開が望まれます。

　しかし、地域包括ケアシステムの構築や地域共生社会の実現がゴールであるとは限りません。政策の浸透は、時に手段が目的化しやすいことを、常に念頭に置き、時には足を止めて振り返り、進め方を大きく変える必要もあるでしょう。

　私たちが暮らすまちの将来を見据え、今よりもさらに心豊かで寛容なまちにし、次の世代へとバトンタッチしながら託していくための一つの考え方や手段であるととらえ、多様な主体とともに総力戦で地域の現状と向き合うための環境づくり（体制整備）が、これからの行政職に求められる方向性の核となるように感じています。

　また、上述したような地域福祉の推進は、災害時等にも有効に機能することが期待でき、地方創生やローカルSDGs等とも親和性の高い取組といえます。地域福祉を考えるうえで、地域住民や支援関係機関を

後方支援する行政の立場は重要です。地域福祉の推進が「自治体に課せられた大変な所掌事務」になるか、「私たちが担う、地域づくりに欠かせないやりがいに溢れる業務」になるかは、これからのトータルデザインに基づくチームビルド次第だといえます。

　初めて福祉分野に異動された方は、各制度の複雑さに驚かれるかもしれません。しかしながら、シンプルに考えると「人の暮らしを中心に据え、制度を利活用しつつ、必要なものが不足している場合には行政職として代替手段を検討する」というのは、すべての業務の共通事項と考えます。対象となる個人だけではなく、世帯や取り巻く環境に幅広く気を配り、多様な生き方、考え方を受け止めつつ、これからの暮らしを支えていく。より住民に近い福祉分野での経験は、確実に私たちの視野角を広げてくれます。

2　社会福祉協議会

　地域福祉の推進には公的な施策の充実とともに、民間における様々な福祉活動の展開や多様なボランティア活動・市民活動（NPO）の存在が不可欠です。公私の活動が包括的に、様々なかたちで連携・協働が行われることにより、その地域で暮らす住民の福祉に厚みが増していきます。「誰もが幸せに暮らすことができる社会につながること」、それが地域福祉を推進していく意義になります。

　地域福祉推進の中核を担うとされているのが社会福祉協議会（通称：社協［しゃきょう］）です。しかし、社協がどんな機能を有し、どんな役割を担っているのか、あらためて聞かれると答えにくいという行政職員も多くいるのではないでしょうか。多種多様な取組をしていることは分かりますが、「社会福祉協議会とは何か」の問いに対して十分に理解することは難しいと感じたことがあるかもしれません。

　この節では「社会福祉協議会とは何か」の問いをもとに、歴史的な経緯を踏まえて、いま社協に求められる役割や機能を解説していきます。そして、社協の特性や強みを理解し、地域福祉推進のパートナーとして、福祉行政の日常業務の中でいかせる連携や協働のポイントを確認していきます。

（1）社会福祉協議会の設置と発展

　社協は、住民、ボランティア団体、民生委員・児童委員、社会福祉施設や事業者などの社会福祉関係者、保健・医療・教育などの関係機関の参加・協力のもとで福祉のまちづくりを目指した様々な活動を

行っている民間団体です。全国、都道府県、市区町村を単位に1つ設置され、社会福祉法人として法人化されています。

　そもそもなぜ社協が誕生したのでしょうか。まずは、その歴史的経緯を振り返ってみます。

ア　なぜ社会福祉協議会はできたのか

　社会福祉協議会（通称：社協）は、戦後のGHQによる戦時下体制からの民主化政策、社会福祉事業の公私責任の完全分離など、一連の社会福祉事業再編の過程から生まれました。具体的には、1949年に、GHQ総司令部公衆衛生福祉部が示した「昭和25年度における厚生施策の主要目標」（通称「6項目提案」）に由来します。この中で、「社会福祉活動に関する協議会の設置」が示され、戦前から中央団体として組織化されていた同胞援護会、日本社会事業協会、全日本民生委員連盟の3団体を統合し、1951年に中央社会福祉協議会（現：全国社会福祉協議会）が結成されました。同時に、都道府県毎にも社協が設置され、そして、1952年には、厚生省社会局長通知「小地域社会福祉協議会組織の整備について」において、市町村等の協議会の自発的・民主的な組織化をすすめることなどが示され、全国の市町村に社協が設置されていくことになりました。

　ここでGHQが示した「社会福祉活動に関する協議会の設置」は何を意味していたのでしょうか。アメリカは、市民社会の側から必要とされる活動が自発的に形成されるよう、民間の社会福祉活動を組織化し、共同募金（民間）を財源とする自主的な活動をすすめようとしていたのです（橋本・飯村・井上　2015：16）。この頃、コミュニティ・オーガニゼーション理論の紹介や研究が進みはじめ、それらが一つの流れとなって社協は設立されていきました。

　コミュニティ・オーガニゼーションとは、地域の住民や福祉関係者を組織化し、調整、改善、開発などを行う社会福祉援助方法のひとつで、「コミュニティがニーズや目的を明確にし、それらに優先順位やランクをつけ、解決への自信をつけ、そのための取組をしようと思い、コミュニティの内部・外部から解決資源を見出し、それらを重視して行動し、コミュニティ内に、協調・協力的な態度や行動を育てるという過程を意味します」（加山・熊田・中島・山本　2020：175）。

　GHQが示した「社会福祉活動に関する協議会の設置」の文脈からいくつかのキーワードが読み取れます。それは、「市民の自発的な活動」「民間の社会福祉活動の組織化」「民間財源による活動」の3点であり、社協とは何かを考える時の重要なキーワードになります。

イ　社会福祉協議会の変遷

　GHQから示された「社会福祉活動に関する協議会の設置」から厚生省の通知により全国に設置された社協の実態はというと、役場の一角に看板を掲げ、役場職員が兼務や出向をするなど、「看板社協」「寝たきり社協」などと揶揄される時代が続きました。そこには、社協が本来期待されたコミュニティ・オーガニゼーションの展開という専門性は発揮されていなかったのです（社会福祉士養成講座編集委員会編　2015：92）。

　そこで、全国社会福祉協議会（全社協）は、社協活動の指針となる「社会福祉協議会基本要項」を策定します。この基本要項では、「住民主体の原則」に基づき、「地域組織化」に取り組む組織であることを確認しました。そして、「広く住民の福祉に欠ける状態」を対象とすべきであるということを打ち出し、社協が取り組む福祉事業は「福祉制度」に基づく事業を展開するのではないということを示したので

す。

　「社会福祉協議会基本要項」（1962年）で示した「住民主体の原則」「地域組織化」は、ボランティア活動の振興や福祉教育への取組が重点化され、国の事業補助が進んでいきます。また、人口の高齢化による福祉施策として在宅福祉サービスが強化され、地域の実情に応じたホームヘルプサービスやデイサービスなどの事業を展開する社協が増えていきました。

　その後、社会福祉基礎構造改革を経て社会福祉法が改正され、社会福祉の制度は大きく変化をとげています。「地域包括ケアシステム」の推進、「地域共生社会」づくりをすすめる中で、社協は地域福祉を推進する中核的な組織として期待されています。一方で、社協が制度内サービスや行政からの委託事業に傾倒しているとの指摘もあります。全国社会福祉協議会（通称：全社協）は、「福祉ビジョン2020」において、組織基盤を強化するために、寄付金や共同募金などの既存の仕組みだけではなく、クラウドファンディングや企業との協働など新しい独自財源の確保を模索することを提起しています。

（2）社会福祉協議会の基本的性格と役割

ア　社会福祉協議会の法的な位置付け

　社協の法的根拠は、社会福祉法の第109条（市町村社会福祉協議会）、第110条（都道府県社会福祉協議会）に位置付けられ、地域福祉の推進を図ることを目的とする団体であることが規定されています。条文（第109条）の中では、市町村社協の事業を4つ掲げています。
①社会福祉を目的とする事業の企画及び実施
②社会福祉に関する活動への住民の参加のための援助

③社会福祉を目的とする事業に関する調査、普及、宣伝、連絡、調整及び助成

④前三号に掲げる事業のほか、社会福祉を目的とする事業の健全な発達を図るために必要な事業

　また、都道府県社協（第110条）の条文には、広域的な見地から行う事業、社会福祉従事者の養成・研修、社会福祉事業の経営に関する指導・助言等が規定されています。

イ　社会福祉協議会の基本的性格

　社協の組織・活動の原則、機能、事業などの指針を定めた新・社会福祉協議会基本要項では、基本的性格を以下のように示しています。

【社協の基本的性格】

　「社会福祉協議会は、①地域における住民組織と公私の社会福祉事業関係者等により構成され、②住民主体の理念に基づき、地域の福祉課題の解決に取り組み、誰もが安心して暮らすことのできる地域福祉の実現をめざし、③住民の福祉活動の組織化、社会福祉を目的とする事業の連絡調整及び事業の企画・実施などを行う、④市区町村、都道府県・指定都市、全国を結ぶ公共性と自主性を有する民間組織である」

ウ　社会福祉協議会の特性・強みからみた役割

　社協の基本的性格は、ほかの団体との違いや特徴を示すことにより、特性や強みがより鮮明になり、「社協とは何か」が明確に理解できます。

（ア）制度では対応していない福祉課題の解決に積極的に取り組む

　社協は、制度では対応していない福祉課題の解決に積極的に取り組むなど、特定の福祉問題の解決だけを目的にしていないということが

特徴です。福祉課題で早急に解決しなければならない問題を発見し、地域の参加・協力を得て解決方法を検討し、取り組んでいきます。

（イ）住民との協働を重視する

　地域の福祉問題について、住民の自主的な活動を組織化し、問題の解決や予防・増進などに取り組む点です。住民参加による助け合いや交流機能を生かした支援活動に取り組み、既存サービスでは対応できないニーズに先駆的に応えるサービスなどをすすめます。

（ウ）公私の機関・団体とのネットワークで事業を進める

　福祉に関係のある行政・民間の各種機関・団体の相互協力、協働を進め、それぞれの強みをいかした社会資源のネットワーク化（プラットフォーム）を図り、事業をすすめていくことが特徴です。

（エ）福祉教育を推進する

　地域との連携、協働をすすめるために、社協は単に情報提供にとどまらず、子どもから大人までの幅広い住民や学校、企業などの地域に向けて、福祉活動への理解、福祉コミュニティの必要性などの働きかけ、参加のきっかけづくりや具体的な活動方法を学ぶ福祉教育や福祉学習を行います。

（オ）福祉人材を養成する

　福祉を支える人づくりをめざします。そのため福祉活動に関わるリーダー、民生委員・児童委員やボランティアなどの研修を通して、社会福祉を担う人材の養成を図ります。

（カ）地域福祉の財源づくり

　地域福祉活動・ボランティア活動・民間独自の福祉サービスを支援するための財源づくりを行うため、基金の設置や共同募金を始めとする募金活動を実施します。また助成団体と支援活動の橋渡しをする仲介的役割を担います。

（3）社会福祉協議会の具体的な取組

　社協は地域の実情に応じて様々な事業を実施しており、事業内容は異なっています。近年は、介護保険事業や日常生活自立支援事業、生活困窮者自立支援事業や生活福祉資金事業などの具体的支援への需要が増加しています。また、地域共生社会づくりや災害時の対応におけるボランティアや住民の福祉活動の推進などへの期待もいっそう高まっていることから、社協の事業・組織規模が急激に拡大されるようになってきました。社協の事業の柱となる具体的な取組を紹介します。

ア　小地域ネットワーク活動

　身近な圏域（地域の状況に応じて小・中学校区、町内会・自治会等）を小地域単位と定め、高齢者や障害者、子どもなどの見守りや支援が必要な住民に対して、近隣住民やボランティア（福祉協力員、福祉委員等）等を組織化して行う活動です。安否確認や話し相手、相談相手のほか、ゴミ出しや買い物、清掃などの日常生活の支援に取り組んでいる地域もあります。地域住民やボランティア等が集まり、地域の福祉課題を議論し、新しい仕組みを検討する協議体としての機能を持つ場合があります。

イ　ふれあい・いきいきサロン

　地域の居場所づくりとして、ふれあい・いきいきサロンの設置・活動支援も多く行われています。サロン活動は住民が企画をし、運営をしています。高齢者対象のサロンが多くありますが、最近では子ども食堂の数が増えているほか、ひきこもり当事者や家族が集えるサロンや退職後の男性が集う当事者支援の取組も行われています。

ウ　ボランティア等による生活支援サービス・活動

　高齢者と一緒に食事を行う会食サービスや自宅にお弁当を届ける配食サービスが行われています。栄養面での支援のほか、見守りや孤食の解消、家族介護の軽減などの目的もあり、ボランティアの役割も複合的なことから、社協との連携が欠かせません。

　また、運転ボランティアによる移送サービスや介護予防のためのショッピングセンターツアーなど、新たな取組も行われるようになっています。

　生活支援サービスでは、「住民参加型在宅福祉サービス」があります。このサービスは、利用者と担い手がそれぞれ会員となり、社協が両者のコーディネートを行い、助け合いの活動を有償で提供することが特徴です。介護保険の認定を受けていない、あるいは介護保険のサービスでは対応できない生活上の困りごとを住民が支援します。具体的には、自宅の清掃や買い物同行・代行、食事づくり、通院の送迎などです。

エ　困りごとと支援をコーディネートするボランティア活動・市民活動の中間支援

　全国の社協の9割に設置されているのがボランティアセンター（市民活動センター）です。住民が抱える多様な困りごとや社会的な課題と、個人や団体の活動を結ぶコーディネートの役割を担います。また、ボランティアの人材育成（福祉教育）を行うとともに、地域社会に課題の発信をしてあらたな活動を生み出す資源開発の機能も有しています。災害時には、災害ボランティアセンターを運営し、被災地の復旧、復興に向けた多様な機関や人と連携して支援を行います。

オ　日常生活自立支援事業・成年後見制度

　判断能力が不十分な認知症高齢者や知的障害者、精神障害者等の権利を擁護するために、日常生活自立支援事業や成年後見制度の推進に取り組んでいます。日常生活自立支援事業は、地域で自立した生活が送れるよう、福祉サービスの利用に関する情報提供や助言、手続の援助、利用料の支払い等福祉サービスの適切な利用のための援助を行います。利用者を訪問して支援を行うのは住民（生活支援員）で、隣人・友人としての態度で接し、関係性を重視した取組が特徴です。また、成年後見制度の利用を促進する観点から、市民後見人の養成、支援も行政と連携してすすめています。低所得者への対応やきめ細やかな生活支援など、住民と連携した取組を行っています。

カ　生活福祉資金

　生活福祉資金事業は、低金利や無利子での資金の貸し付けを行い、低所得者や高齢者、障害者等の生活を経済的に支えるとともに、必要な相談援助を行います。この事業の特徴は、民生委員が資金を借り受けた世帯の相談や支援を継続的に実施していくところにあり、民生委員と社協が連携した取組です。

（4）地域福祉のコーディネーター

　社協の目的は、「住民主体の福祉活動を基礎におき、地域住民が抱える福祉課題を地域全体の問題としてとらえ、地域の関係者との協働活動を通して、地域福祉の推進をめざす」ことです。それは、人々が暮らす生活の中においては、法制度の枠では解決できないこと、又は対象要件にあてはまらない生活上の困りごとが存在しているからで

す。社協は「制度の狭間」や「制度の外側」にある暮らしの困りごと
や社会的な福祉課題に注目し、人々の意識や新しい価値観を生み出し
て、創造的、先駆的な仕組みをつくって地域の福祉課題の解決に取り
組んでいくことが使命です。

　住民の主体性や先駆的な取組は、自然に生まれるわけではありませ
ん。「これからの地域福祉のあり方に関する研究会報告書」（厚生労働
省2008）では、住民（地域の様々な機関を含む）の地域活動を支援す
るため、一定の圏域に、専門的なコーディネーターが必要であること
が提起されました。このコーディネーターは、①問題解決のため関係
する様々な専門家や事業者、ボランティア等との連携を図り、総合的
かつ包括的に支援すること、②住民の地域福祉活動で発見された生活
課題の共有化、社会資源の調整や新たな活動の開発、地域福祉活動に
関わる者によるネットワーク形成を図ることを求めています。

　現在「地域福祉のコーディネーター」は、社協の地域福祉活動推進
部門に配置され、ボランティアセンターのボランティアコーディネー
ターと、小地域の圏域毎に配置されるコミュニティソーシャルワー
カー（地域福祉コーディネーター）がいます（社協によって配置人数
や名称は様々です）。いずれのコーディネーターも地域の人や機関を
把握し、顔の見える関係をつくり、地域福祉活動への参加、協働の促
進を図ることが共通の役割になります（図表4-5参照）。地域福祉活
動を推進するためには、コーディネーターの配置と人材が重要で、地
域福祉推進の鍵を握るといっても過言ではありません。

　各自治体の社協に地域福祉のコーディネーターがどのように配置さ
れ、何をしているのかを注目してみてください。そして、行政職員の
皆さんが「困っている」という課題について相談をなげかけてくださ
い。その時のメッセージポイントは、「一緒に考えてほしい」です。

社協がすべてのことを解決できるわけではありませんが、地域福祉は考える（協議する）ことからはじまります。行政と社協が連携し、地

図表4-5　地域福祉のコーディネーター（社協職員）の取組イメージ図

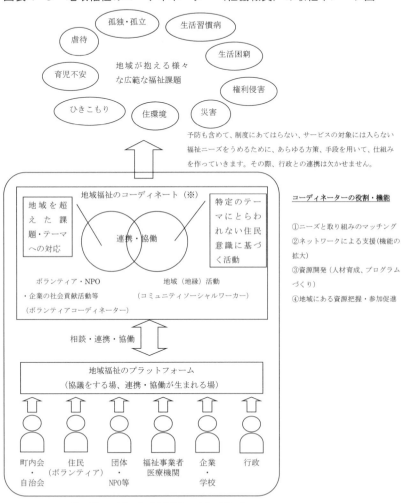

※「東京らしい"地域共生社会づくり"のあり方について最終まとめ」37頁の図を筆者修正

域の多様な人、組織が地域福祉活動に参画することで、「住み慣れた
まちで誰もが幸せに暮らすことができる社会」の実現に近づくことで
しょう。もし、コーディネーターの体制が脆弱な場合は、その体制を
強化していくことも地域福祉推進のための施策になります。

引用・参考文献

加山弾・熊田博喜・中島修・山本美香『ストーリーで学ぶ地域福祉』有斐閣、
　　（2020）

社会福祉士養成講座編集委員会編『新・社会福祉士養成講座9 地域福祉の理
　　論と方法』（第3版）中央法規、（2015）

全国社会福祉協議会『これからの地域福祉のあり方に関する研究会報告書
　　地域における「新たな支え合い」を求めて─住民と行政の協働による新し
　　い福祉─』、（2008）

東京都社会福祉協議会『東京らしい"地域共生社会づくり"のあり方につい
　　て最終まとめ』、（2019）

橋本宏子・飯村史恵・井上匡子『社会福祉協議会の実態と展望─法学・社会
　　福祉学の観点から』日本評論社、（2015）

和田敏明編『改訂　概説　社会福祉協議会』全国社会福祉協議会、（2018）

3 地域包括支援センターと地域包括ケア

 （1）地域包括支援センター

ア　これまでの制度の移り変わり（概要）

　高齢者福祉政策の移り変わりは概ね10年ごとに進化してきていま
す。1963年には高度経済成長の流れの中で老人福祉法が制定され、新
たに特別養護老人ホーム開設などの施策が展開されるなど、いわゆる
「施設福祉」中心の時代もありました。また1973年には「福祉元年」
のスローガンの下、老人医療費の無料化が図られました。

　しかし同時期に発生したオイルショックによる高度経済成長の終焉
は、財政硬直化にダイレクトに影響を及ぼし、コスト削減を目指した
「在宅福祉」を重視する方向へとシフトチェンジすることとなりまし
た。1982年には老人保健法が制定され、こうした老人医療費の無料化
に終止符が打たれるとともに、生活介護を受けつつも在宅復帰を目指
す施設として新たに老人保健施設が法制化されました。

　さらに1989年には福祉財源に充当する旨の公約から消費税が導入
されるとともに、1990年からは高齢者保健福祉推進10か年戦略（ゴー
ルドプラン）が推進されることとなり、以降10年間で総額約6兆円を
超える事業費を投じて、ホームヘルパー、ショートステイ、デイサー
ビスといった在宅ケアサービスや在宅介護支援センターなどが整備さ
れました。

　これらの基盤整備により、2000年には介護保険制度が創設されまし
た。病気や障害の有無に関係なく社会参加でき、各地域において総合
的なサービスを受けられる体制整備が進められるとともに、在宅福祉

の概念を超えた「地域福祉の推進」が強調されるようになりました。

　その後、2003年に高齢者介護研究会から提出された報告書「2015年の高齢者介護―高齢者の尊厳を支えるケアの確立に向けて―」により、ケアの概念を「予防重視型」へと大きく転換させるとともに、連続したケア体系を確立することを主眼とした地域包括ケアシステムへの移行が打ち出され、地域における包括的なケアを有効に機能させるために、国は、2005年、介護保険制度発足後初めての改正に合わせ、地域包括ケアシステムを担う中核的な施設として地域包括支援センターを各市区町村に設置することにしました。2020年4月現在、全国すべての市区町村に計5,221か所設置されており、さらに、ブランチやサブセンターを加えると7,335か所となっています。運営形態は、市町村直営が21.1％、委託型が78.9％であり、委託型が増加傾向にあります（図表4-6）。

図表4-6　地域包括支援センターの設置状況

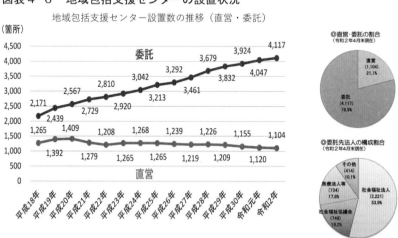

出典：厚生労働省「地域包括支援センターの設置状況」

イ　設置目的

　地域包括支援センターの目的は、地域住民の心身の健康の保持及び生活の安定のために必要な援助を行うことで、その保健医療の向上及び福祉の増進を包括的に支援することにあります（介護保険法第115条の46第1項）。

　また、高齢者の仲間作り活動等による健康維持の支援や、医療・介護・福祉などの専門職や住民等の連携による支援のコーディネート役としての機能も期待されています。

ウ　設置主体・組織体制・人員配置

　地域包括支援センターは、地域における保健・医療・福祉など様々な分野から総合的に高齢者の生活をサポートする拠点となる機関として、介護保険制度上の保険者である市町村が、人口2〜3万人の日常生活圏域（多くの場合、各中学校区）ごとに1か所を目安として設置することとなっています。またその運営形態としては、①市町村が運営する直営方式、②市町村から社会福祉法人・医療法人・特定非営利活動法人（NPO法人）などに業務委託する委託方式、③単数又は複数の直営と委託が混合する方式の3つに分かれています。

　事業を実施するための専門職として、①保健師、②社会福祉士、③介護支援専門員（ケアマネジャー）又はこれらに準ずる者を配置することとなっており、原則として担当圏域内の65歳以上第1号被保険者数のおおむね3,000人以上6,000人未満ごとに各1名（3職種）が配置されることになっています（介護保険法施行規則第140条の66第1号イ）（図表4-7）。

　地域包括支援センターにおける様々な業務の評価などを行うことにより、適切で公正かつ中立な運営を確保するために、原則として各市

町村に1か所ずつの地域包括支援センター運営協議会が設置されています。市町村長が選定した福祉関係者、専門職能団体、地域ケアに関する学識経験者などを構成員として、運営方針への意見や運営評価、人員確保のための調整、地域包括ケアなどに関する事項について協議を行うこととされています。

図表4-7　地域包括支援センターのイメージ

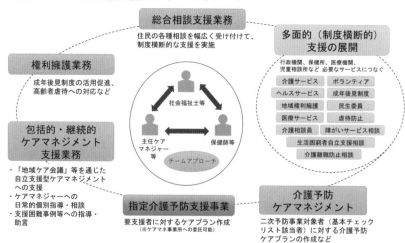

出典：厚生労働省「地域包括支援センターの業務」を一部改変、筆者作成

エ　業務内容

　地域包括支援センターの業務は、地域支援事業（後述（2）参照）の中で必須項目として掲げられている、包括的支援事業として以下などが挙げられます。

①総合相談支援業務

②権利擁護業務

③包括的・継続的ケアマネジメント支援業務

④介護予防・日常生活支援総合事業としての介護予防ケアマネジメン

ト（第1号介護予防支援事業）

⑤介護保険制度上の指定介護予防支援事業など

⑥地域における介護サービス事業者や医療機関、ボランティアその他の社会資源との有機的な連携を図るための環境整備としての多職種協働による地域包括支援ネットワークの構築

⑦地域包括支援ネットワークを推進するための手法の一つとしての地域ケア会議の実施

オ　地域ケア会議

　地域ケア会議は、高齢者一人ひとりに対する支援の充実と、医療や介護サービス等の高齢者支援の基盤整備を目的に、地域包括支援センター業務として開催されています。個別ケース検討を行ったり、地域によって異なる様々な課題を把握し、解決に向けた手段・方法などを実際に多職種が集まって話し合う場として推進されています。

（2）地域支援事業

ア　地域支援事業とは

　地域支援事業とは、地域に暮らす高齢者のうち、介護保険サービスの対象にならない比較的健康な高齢者が介護予防に取り組むことができるよう、また、要介護状態などになっても可能な限り地域において自立した日常生活を営むことができるよう、それぞれアプローチするために市区町村により行われる事業のことです。現在は①介護予防・日常生活支援総合事業（総合事業）、②包括的支援事業、③任意事業から構成されています（図表4-8）。

　近年では包括的支援事業の充実が図られ、地域包括支援センターの

業務としての地域ケア会議の充実や、在宅医療・介護連携推進事業、認知症総合支援事業、生活支援体制整備事業も取り組まれています。

図表4-8　地域支援事業の全体像

介護給付
【対象者：要介護1～要介護5】

予防給付
【対象者：要支援1・要支援2】

地域支援事業

❶介護予防・日常生活支援総合事業（総合事業）
(1)介護予防・生活支援サービス事業
【対象者：要支援1・要支援2・基本チェックリスト該当者】
①訪問型サービス
②通所型サービス
③その他の生活支援サービス
④介護予防ケアマネジメント

(2)一般介護予防事業
【対象者：市町村のすべての第1号被保険者・支援活動関係者】

❷包括的支援事業
(1)地域包括支援センター運営（業務）として実施される事業
①介護予防ケアマネジメント
②総合相談支援事業
③権利擁護業務
④包括的・継続的ケアマネジメント支援業務

(2)社会保障を充実させるための事業
①在宅医療・介護連携推進事業
②生活支援体制整備事業
③認知症総合支援事業
④地域ケア会議推進事業

❸任意事業
①介護給付等費用適正化事業
②家族介護支援事業
③その他の事業

介護保険サービス

出典：厚生労働省「新しい地域支援事業の全体像」を一部改変、筆者作成

イ　介護予防・日常生活支援総合事業（総合事業）

　介護予防・日常生活支援総合事業（総合事業）は、市区町村が中心となり、地域の実情に合わせて高齢者と地域をつなぎ、生活上で困っている部分に介護サービスなどを提供するサービスであり、①介護予防・生活支援サービス事業と②一般介護予防事業の２事業で構成されています。

ウ　包括的支援事業

　包括的支援事業は、地域包括支援センター運営（業務）として実施される事業と社会保障を充実させるための事業の２枠で構成されています。

（ア）地域包括支援センター運営（業務）として実施される事業

　地域包括支援センター運営（業務）として、①介護予防ケアマネジメント（第１号介護予防支援事業）、②総合相談支援業務、③権利擁護事業、④包括的・継続的ケアマネジメント支援業務の４事業が実施されています。

（イ）社会保障を充実させるための事業

　社会保障を充実させるための事業には①在宅医療・介護連携推進事業、②生活支援体制整備事業、③認知症総合支援事業、④地域ケア会議推進事業があります。

　このうち、生活支援体制整備事業に基づいて、生活支援・介護予防サービスの充実と高齢者の社会参加を図るために、地域の中に点在する支え合い活動を推進する生活支援コーディネーター（SC、地域支え合い推進員等とも呼びます）が市区町村区域（第一層）並びに日常生活圏域（第二層）に配置されています。主に社会福祉協議会や地域包括支援センターなどに配置されており、高齢者ボランティアなどの育

成、サロン活動の支援などが行われています。また、地域において高齢者を支援する様々な関係者のネットワークとしての協議体を設置し、関係者間で定期的な情報共有や連携の強化が図られています。

エ　任意事業

　任意事業は、市区町村の判断により任意で行う地域支援事業のことです。地域の特性を活かして必要なサービスを展開します。

　認定調査の状況をチェックし不必要なサービス提供がなされていないか検証したり、ケアプラン点検などを行うことにより、極端な保険給付の増加や介護保険料の上昇を抑制し、高齢者が適正なサービスを利用できる環境整備を図る「介護給付等費用適正化事業」や、家族の介護負担軽減のために、介護の知識・技術習得のための介護教室、相談業務、認知症高齢者の見守り事業などを行う「家族介護支援事業」のほか、「成年後見制度利用支援事業」「福祉用具・住宅改修支援事業」「認知症サポーター養成事業」などがあります。

（3）地域包括ケア

ア　地域包括ケアシステムとは何か

　地域包括ケアシステムという言葉の語源を辿ると、もともとは「地域ケア（英語ではコミュニティケア）」と「包括ケア」という2つの言葉がミックスされてできた用語と考えられます。

　サービス利用者に対し、保健・医療・福祉などの専門的なサービスを生活している地域の中で提供していくといった点や、その拠点は利用者が居住している住まい、すなわち在宅であるということ、また、専門的な制度や仕組みによる支援は1つの地域（エリア）を単位とし

て整備されていくこと、さらには、人々による生活の営みの中で築かれてきた地域住民相互の助け合いや家族による互助なども含めた概念として「地域ケア」という言葉が使われています。

　一方、従来縦割りで提供されてきた専門的サービスや、地域においての生活基盤としての住居確保といった構成要素なども一体的に考え、互いに連携して支援にあたるという考えから「包括ケア」という概念が生み出されました。

　施設・病院と在宅とを切り離して個別に考えてきた保健・医療と福祉の課題を解決するために、これらの連携を強化するとともに、実際に利用者が暮らす住まいも視野に入れ、地域を全体的、包括的に支援していかなければならないという考えから、「地域包括ケア」という表現が導き出され、これを可能にするための仕組みを「地域包括ケアシステム」と呼ぶようになったわけです（図表4-9）。

図表4-9　地域包括ケアシステムのイメージ

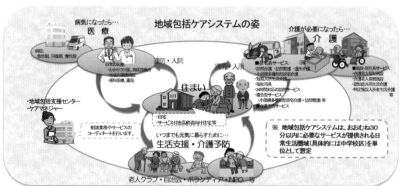

出典：厚生労働省「地域包括ケアシステム」

イ　これまでの制度の移り変わり（概要）

　地域包括ケアシステムという言葉をはじめに用いたのは、広島県の

御調町（現尾道市）公立みつぎ総合病院の山口昇院長であると言われています。

　山口医師は1970年代後半頃、医療水準の向上により脳卒中などの患者の救命率が高まり、障がいを持ったまま退院させるようになったことから、予防、治療、リハビリテーションまでをシームレスにつなぐ包括医療の必要性に気づきました。また、福祉を含めた様々な支援も組み合わせる必要があると考え、医療・保険・福祉の各施策を一元化した態勢づくりを実践しました。これが地域包括ケアの源流と言われています。

　この考え方が、2005年の介護保険法改正の際に、「地域包括ケアの推進」として政策のスローガンとして掲げられ、地域密着型サービスの新設や地域包括支援センターの設置につながりました。さらに2006年には医療制度改革関連法案の可決により、介護と医療の統合化の推進を意図した方向性が示されるようになっていきました。

　このように地域包括ケアという概念は、小規模自治体による専門職連携の統合にみられる先進的取組からシフトし、介護保険制度創設以降は政策的な概念として用いられるようになってきています。日常生活圏域において、いかに地域の力を活用したシステムが展開できるかといったことが推進主体としての市区町村及び地域包括支援センターに課せられています。

引用・参考文献

宮島俊彦『地域包括ケアの展望―超高齢社会を生き抜くために―』、社会保険研究所、（2013）

高橋紘士「地域包括ケアシステムの構築―地域包括ケアシステムとは何か、

何をめざすのか―」、『介護福祉』、平成23年春季号（No.81）、社会福祉振興・試験センター、（2011）

筒井孝子『地域包括ケアシステムのサイエンス―integrated care理論と実証―』、社会保険研究所、（2014）

大沼由香「地域力を向上させる地域包括支援センターの役割」、『介護福祉』、平成23年春季号（No.81）、財団法人社会福祉振興・試験センター、（2011）

ケアマネジャー編集部 編『プロとして知っておきたい！介護保険のしくみと使い方』、中央法規、（2021）

ケアマネジャー編集部 編『2021年4月介護保険改正のポイント』、中央法規、（2021）

藤井賢一郎 監修『介護保険制度とは…―制度を理解するために―』、東京都社会福祉協議会、（2017）

服部万里子『最新 図解でわかる 介護保険のしくみ』、日本実業出版社、（2018）

高齢者介護研究会『2015年の高齢者介護―高齢者の尊厳を支えるケアの確立に向けて―』、法研、（2003）

三菱UFJリサーチ＆コンサルティング「〈地域包括ケア研究会〉地域包括ケアシステム研究会報告書 ～今後の検討のための論点整理～」、平成20年度厚生労働省老人保健健康増進等事業、（2009）

三菱UFJリサーチ＆コンサルティング「〈地域包括ケア研究会〉地域包括ケアシステムと地域マネジメント」（地域包括ケアシステム構築に向けた制度及びサービスのあり方に関する研究事業）、平成27年度厚生労働省老人保健健康増進等事業、（2016）

地域包括支援センター運営マニュアル検討委員会 編『地域包括支援センター運営マニュアル 2訂』、長寿社会開発センター、（2018）

4 コミュニティソーシャルワーク（CSW）

（1）コミュニティソーシャルワークと地域福祉行政の関わり

　本節では、コミュニティソーシャルワーク（CSW）の意味と地域福祉行政との関わりについて解説します。

　コミュニティソーシャルワークという言葉が地域福祉の現場でよく使われるようになったのは概ね2000年代以降です。その意味では、用語としては比較的新しいものと言えます。一般的な認知度はまだそれほど高いとは言えず、行政職員の皆さんも地域福祉の部署にきて初めて聞いたという方が多いと思います。

　略称としては「CSW（シーエスダブリュー）」が使われますが、皆さんが業務の中で耳にすることが多いのはコミュニティソーシャルワークよりも、コミュニティソーシャルワーカーという意味の方かもしれません。例えば「〇〇市の地域福祉計画にはCSWの配置が盛り込まれている」とか「社会福祉協議会に配置されているCSWによる支援」などという場合、ここでのCSWは職員としてのコミュニティソーシャルワーカーのことを指しています。

　ラン（走る）とランナー（走る人）の関係のように、コミュニティソーシャルワークという動作があって、それをする人（動作主体）がコミュニティソーシャルワーカーという風に考えたくなるかもしれませんが、話はそう単純ではありません。

　行政職員の立場でコミュニティソーシャルワークについて考えるうえで、まず頭に入れておいていただきたいことは「コミュニティソーシャルワーカーを配置しただけではコミュニティソーシャルワークは

展開できない」ということです。ナゾナゾみたいで意味がよくわからないかもしれませんが、この点は地域福祉行政とコミュニティソーシャルワークとの関わりにおいて非常に重要なポイントになります。ぜひこのことを頭の隅に置いて以下を読み進めていただければと思います。

（2）コミュニティソーシャルワークの意味

ア　コミュニティソーシャルワーク概念の源流

　コミュニティソーシャルワークは、もともとはイギリスで1983年に公表されたバークレイ報告の中で提案された概念です。この報告の中で提示されたコミュニティソーシャルワークの考え方について小田兼三は「従来のケースワーク・グループワーク・コミュニティワークという３方法のワーカー間の分業体制を打破して、１人のワーカーが社会的ケア計画、カウンセリングを統合させつつ、コミュニティで生活するクライエントに対処するというモデル」であると説明しています。つまり最初にイギリスで提起されたコミュニティソーシャルワークは、一定の地理的範囲における、個別、集団、地域の視点を串刺しにした統合的な視点（ジェネラリストアプローチ）及びインフォーマルケアや地域ネットワークを重視したソーシャルワーク実践モデルとして提起されたものでした。

イ　日本における代表的な定義

　これを受けて我が国でも1990年代後半以降、日本の状況に合わせた独自のコミュニティソーシャルワークの理論化の作業が進められ現在に至っています。日本における最も代表的なコミュニティソーシャル

ワークの定義としては、大橋謙策によるもの[1]が知られています。

　大橋による定義は学術的には精緻なものですが、非常に幅広い内容や要素を含むため、初学者が直観的に理解するにはやや難解です。ここでは、より実践的な定義として、日本で先駆的に市町村へのコミュニティソーシャルワーカー配置事業を実施してきた大阪府による説明をみてみましょう。

　「地域住民等からの相談に応じ、専門的な福祉課題の解決に向けた取組や住民活動の調整を行うとともに、行政の施策立案に向けた提言（地域住民主体の見守り・支え合い体制の構築など公民協働で福祉課題の解決を図るための提言）等を行う地域福祉のコーディネーターの役割を担う者で、以下のような機能を担うこととしている。

① 　制度の狭間や複数の福祉課題を抱えるなど、既存の福祉サービスだけでは対応困難な事案の解決

　　〈制度の狭間の事案とは〉

　　　ひきこもり、ごみが放置されている家等既存の福祉制度だけでは対応しきれない事案又は既存の公的福祉サービスで定められているサービス給付要件に該当しない事案。

　　（中略）

② 　地域を基盤とする活動やサービスを発見して支援を必要とする人に結びつける。

③ 　新たなサービスの開発や公的制度との関係の調整

④ 　市町村におけるセーフティネットの構築・強化のための取組みへの参画

⑤ 　地域福祉計画及び他の分野別計画の策定その他福祉施策推進に向けた行政への提言」（大阪府福祉部地域福祉推進室地域福祉課2011：8-9）

　この大阪府の説明では、コミュニティソーシャルワーカーの役割として、個別的、専門的な相談支援の要素もさることながら、政策立案にむけた提言といういわゆるアドボカシーの要素が非常に強く打ち出

されています。

コミュニティソーシャルワークは「人々の生活・人生の再建とともに地域の再建・成長を目指す実践」であり「ケアマネジメントを軸とする個別援助を担いながら、援助を個別化するだけでなく、将来の同様なニーズの発生を予防または減少させるためにむしろ社会化する志向に力点が置かれた実践」であるところにその特徴があります（田中 2015：17）。

（3）個別支援と地域支援の統合的展開

上記のことに加えて、コミュニティソーシャルワークを説明する際、「一定地域における個別支援と地域支援を統合によるソーシャルワーク実践である」（菱沼2019：82）という点もよく強調されます。この個別支援と地域支援という視点も、コミュニティソーシャルワークの考え方を理解するうえで非常に重要です。

個別支援とは、地域の中で何らかの福祉的支援が必要な状態で暮らす個人や家族に対するミクロレベルの直接的な介入や支援を指します。一方で地域支援とは、地域における福祉課題について住民が発見し、組織化を通じた共同の力によってそれを解決する、あるいは予防する力を高めていくことを支援することです。具体的には住民のグループやその集合としてのコミュニティ全体というメゾから一部マクロレベルにまで至る段階における専門的支援を意味します。この「個別支援」と「地域支援」を一体的・統合的に進めていくことが、コミュニティソーシャルワークの中核的な意味とされています[2]。

（4）コミュニティソーシャルワーク実践の具体的な内容

　コミュニティソーシャルワークを展開するためには①地域特性や各種資源に関する情報収集と分析（地域アセスメント）、②要援護世帯への個別支援、③個別支援に関わる住民によるサポートネットワークの形成とその支援、④個別ニーズの「脱個別化」と新たな仕組みづくりにむけた提言等、多様な機能を発揮することが求められます。以下ではそれぞれの機能について具体的な内容を見ていきます。

ア　地域特性や各種資源に関する情報収集と分析（地域アセスメント）

　コミュニティソーシャルワークを展開するうえで第一に求められることは「地域を知る」こと、すなわち地域の特性を把握して、福祉問題の予測、問題の背景、地域住民の考え方、態度の特徴などについて理解を深めることです。また要援護者の実態・ニーズ、地域住民の抱えている福祉問題、福祉水準、社会資源（地域の関係機関、団体、専門家等）について把握することも厚みのある地域福祉実践には欠かせません。このような地域特性、福祉ニーズや課題、地域（社会）資源などを洗いだし整理するステップを「地域アセスメント」と呼びます。地域に関する情報の収集と整理・分析を日常的に繰り返すことを通じて、支援環境の把握と実践の「根拠（evidence）」づくりを行うことが求められるのです。

イ　要援護世帯への個別支援

　個別支援はケースワークの基本ステップをベースに展開されます。コミュニティソーシャルワークで特に重要になるのがニーズキャッチとアセスメント、活用できる制度やサービス、あるいはネットワーク

など各種資源への「つなぎ」等の実践です。

（ア）相談窓口におけるニーズキャッチ

　個別のニーズキャッチには様々なルートが考えられます。地域には行政の各種窓口、地域包括支援センターや社会福祉協議会、居宅介護支援事業所、相談支援事業所、民生委員・児童委員や住民ボランティアによる困りごと相談も含めて、様々な相談窓口があります。これらの窓口は、最も基本的なニーズキャッチの仕組みといえます。一方で、多機関による連携・協働のネットワーク体制づくりを的確に行い、各相談窓口でキャッチされたニーズについて単一機関だけで対応するのが難しい場合、地域の支援ネットワーク全体として受け止めることが重要な課題となります。近年、市区町村には包括的支援体制整備が求められています。各種相談窓口での分野横断的な相談受付や複合的な課題をネットワークで受け止めるための多機関協働の仕組みづくり、システム構築は市区町村福祉行政の重要な役割といえます。

（イ）アウトリーチによるニーズキャッチ

　ニーズキャッチの方法として、もう一つ重要なのがいわゆるアウトリーチです。アウトリーチとは、窓口で相談がくるのを待っているのではなく、ソーシャル・ワーカーが地域に出向き、そこで直接ニーズを発見・発掘して支援に結びつけるいわば「攻めのソーシャルワーク」のことです。たとえば、地域で行われているサロンに出向いたり、町内会などの集まりに参加して住民の話（近隣でゴミをためている家、虐待の疑われる家がないか、など）を聞くことなどは基本的なアウトリーチによるニーズキャッチの方法です。ある地域ではコミュニティソーシャルワーカーが「駄菓子や」の屋台をひいて地域の公園や児童館などに出向いて、駄菓子を通じて子どもたちの声を聞く工夫しているケースもあります。地域の中で援助を必要としている人や家族は、

声をあげられないでいることも少なくありません。相談窓口の存在を知らない、あるいは自分の抱えている問題そのものに気づけずにいることもあります。コミュニティソーシャルワークにおいてはアウトリーチによるニーズキャッチは、最も重要な要素のひとつであるといえます。

（ウ）アセスメント

　キャッチされたニーズについて、適切にアセスメントできるかどうかは、その後の支援の展開を大きく左右します。コミュニティソーシャルワークの展開においては、個別ケースのアセスメントと地域アセスメントの結合が特徴のひとつとされています。コミュニティソーシャルワークにおけるアセスメントでとくに重要となるのは本人とその家族及び地域社会をトータルにとらえる視点を持つこと、そしてストレングス視点によるアセスメントを行うことの2点です。コミュニティソーシャルワークでは、個別ケースのアセスメントの際に、本人とその家族の状況をとらえると同時に、生活する環境、あるいは資源としての地域や地域社会関係の状況をしっかりと見ておく必要があります。またその際には個別ケースや対象地域における問題点だけではなく、ケースの持つ「つよみ（strength）」に着目したアセスメントが求められます。複数の課題が複雑に絡み合ういわゆる「困難事例」であっても、ケースに潜む「つよみ」を見いだすことなしには支援は始まりません。アセスメントとは本人や家族、支援関係者とともに行う「状況の整理」と、対象となる世帯や地域の「つよみ探し」であるといってもよいでしょう。

（エ）各種資源への「つなぎ」

　個別支援では、アセスメントの結果に基づいて、家族や地域等の社会関係の調整とともに、制度やサービス等各種資源との「つなぎ」が

行われます。具体的には必要な制度やサービスについての情報提供、他の専門機関やインフォーマルなサポートネットワークの紹介や同行による引き合わせなどがその内容となります。この時に必要なことは情報提供や紹介後のフォローアップ（事後の状況確認）を行うことです。「情報提供しっぱなし」「紹介しっぱなし」で終わるのでなく、つないだ後、そのつながりが適切に機能しているか継続的にチェックすることもコミュニティソーシャルワーカーの重要な役割となります。

ウ　個別支援に関わる住民によるサポートネットワークの形成と支援

　地域にある個別のケースすべてに、ソーシャルワーカーが一人で対応し続けることは物理的に不可能です。支援を必要とする世帯のまわりに、それをサポートする住民のネットワークを組織化して、その取組を側面から支援することが求められます。具体的には、援助を必要としている人や家族の状況を地域で共有する、そうした世帯の見守りや支援活動に取り組むことを呼びかける、協力する住民と要援護者を引き合わせる、協力する複数の住民をグループ化する、良好な支援関係が継続するように両者を支える、などの働きかけを行うことがその内容となります。ここで重要なことは、住民による活動を個別ニーズに対応する「サービス」ととらえるのではなく、地域に潜在する住民の「主体性・共同性の開発」という視点をもって働きかけることです。地域におけるソーシャルワークの最も重要な目標は、「個別の困りごと（ニーズ）」への対応を通じた住民同士のつながりづくりであり、その積み重ねを通じて、主体性と共同性を備えた福祉コミュニティを構築することにあります。

エ　個別課題の「脱個別化」と新たな仕組みづくりにむけた提言

　「脱個別化」とは、個別課題を地域の集合的課題としてとらえ直すことをいいます。いいかえれば「誰かの困りごと」を、多くの地域住民にとって「私たちの困りごと」に転換していくための働きかけとも言えます。たとえば認知症の高齢者とその家族が抱える問題を、その家族だけの問題にとどめず、「地域には同じような問題を抱えた人がほかにもいるのではないか？」と考えてみるということです。調査や住民座談会などを通じて、実際に同様の問題を抱える家族の存在が明らかになることで、個別課題はより集合的な「地域課題」としてとらえ直されることになります。「みんなの問題」として地域に「ひらく」ことは、住民の主体性や共同性を喚起していくうえでも重要な視点であるといえます。また、ある程度まとまった「地域課題」に対しては、制度的対応の「仕組み」づくりを提言していく必要もあります。個別支援を軸に、関係機関のネットワーキングや住民福祉活動の組織化を図りつつ、課題に対応する新たな「仕組み」づくりを行政などに働きかけていく。こうした活動を一体的に進めていくことがコミュニティソーシャルワークの特徴といえます。

（5）地域福祉行政の視点から押さえておくべきこと

　さて、以上コミュニティソーシャルワークの基本的な考え方や具体的な特徴について見てきました。コミュニティソーシャルワークは、ミクロからマクロまでの非常に幅広い内容をカバーする多機能な概念であることがわかったと思います。

　そこで考えなくてはいけないことは、これだけ幅広い機能を1人のコミュニティソーシャルワーカーがすべて担うことができるのかとい

うことです。当然ですが、それは不可能です。この節の冒頭で、「コミュニティソーシャルワーカーを配置しただけではコミュニティソーシャルワークは展開できない」と述べたことの意味がここにあります。コミュニティソーシャルワークの機能が十全に発揮されるためには、個々のコミュニティソーシャルワーカーが頑張ればどうにかなるわけではなく、チームとして、あるいは組織としてコミュニティソーシャルワークが展開できる環境や条件が整備されている必要があります。この点について、大橋は「市町村においてコミュニティソーシャルワークを展開できるシステムが構築されているかが重要」であると述べています（大橋2007：27）。コミュニティソーシャルワークが展開できるシステムの構築や環境整備においては、地域福祉行政が果たす役割が非常に重要になります。

　また、もうひとつ押さえておきたいのは、コミュニティソーシャルワーカーは現時点でその配置を規定した法律があるわけではなく、コミュニティソーシャルワーカーを配置するための特定の恒久財源等もないということです。コミュニティソーシャルワーカーはあくまで上で述べてきたような機能の一部を現場の第一線で担う職員の呼び名の一つというのが実際のところです。ですから、コミュニティソーシャルワーカー（的な役割の職員）を配置する自治体は、自主財源や都道府県補助金、重層的支援体制整備事業、生活支援体制整備事業も含め様々な財源によって配置しているのが現状です。コミュニティソーシャルワーカーの配置やコミュニティソーシャルワークのシステム整備にかかる財源確保は、自治体の地域福祉関連部署のある意味で最も重要な仕事と言えます。

注

1　「地域に顕在的に、あるいは潜在的に存在する生活上のニーズを把握
　　（キャッチ）し、それら生活上の課題を抱えている人や家族との間にラポー
　　ル（信頼関係）を築き、契約に基づき対面式（フェイス・ツー・フェイス）
　　によるカウンセリング的対応も行いつつ、その人や家族の悩み、苦しみ、
　　人生の見通し、希望などの個人的因子とそれらの人々が抱える生活環境、
　　社会環境のどこに問題があるのかという環境因子に関して分析、評価（ア
　　セスメント）し、それらの問題解決に関する方針と解決に必要な支援方策
　　（ケアプラン）を本人の求めと専門職の必要性の判断とを踏まえて、両者
　　の合意で策定し、そのうえで制度化されたフォーマルケアを活用しつつ、
　　足りないサービスに関しては新しいサービスを開発するか、インフォーマ
　　ルケアを創意工夫して活用するなど、必要なサービスを総合的に提供する
　　ケアマネジメントを手段として援助する個別援助過程を重視しつつその支
　　援方策遂行に必要なインフォーマルケア、ソーシャルサポートネットワー
　　クの開発とコーディネート、ならびに"ともに生きる"精神的環境醸成、
　　福祉コミュニティづくり、生活環境改善などを同時並行的に総合的に推進
　　していく活動及び機能」（大橋2015：27）
2　一方で、こうした個別支援と地域支援の統合的展開という特徴について
　　は、支援の実情や方法論としての妥当性をめぐって批判や疑問も寄せられ
　　ています。例えば松端2020などを参照してください。

引用・参考文献

大阪府福祉部地域福祉推進室地域福祉課「市町村におけるCSWの配置事業に関
　する新ガイドライン―市町村における地域福祉セーフティネットの構築に

向けて」、(2011)

大橋謙策編著『講座ケア　新たな人間─社会像に向けて　第2巻　ケアとコミュニティ─福祉・地域・まちづくり─』ミネルヴァ書房、(2014)

大橋謙策「地域福祉としての展開」中村優一・一番ケ瀬康子・右田紀久恵監修、岡本民夫・濱野一郎・古川孝順・宮田和明編「エンサイクロペディア社会福祉学」中央法規、(2007)

小田兼三訳『ソーシャル・ワーカー：役割と任務　英国バークレイ委員会報告』全国社会福祉協議会、(1984)

田中秀樹「コミュニティソーシャルワークの概念」日本地域福祉研究所監修、中島修・菱沼幹男共編『コミュニティソーシャルワークの理論と実践』中央法規、(2015)

菱沼幹男「コミュニティソーシャルワークの展開プロセスと基本的スキル」日本地域福祉研究所監修、中島修・菱沼幹男共編『コミュニティソーシャルワークの理論と実践』中央法規、(2015)

松橋克文「共生社会に向けての新しい地域福祉」上野谷加代子編著『共生社会創造におけるソーシャルワークの役割 地域福祉実践の挑戦』ミネルヴァ書房、(2020)

第 5 章

地域福祉をめぐる
トピックス

1　町内会・自治会とどう向き合うか

（1）町内会・自治会の歴史

　行政職員で町内会・自治会を知らない人はいないでしょう。ほかに
町会、区会、区などの呼称がありますが、本稿では町内会・自治会で
統一します。日本全国、ほぼ、あまねく存在する身近な地縁団体です。
行政職員も多くは住所のある町内会・自治会に加入していますし、仕
事で関係のある人も大勢います。

　しかし、その歴史は意外に知られていません。町内会・自治会は近
世の5人組に始まるというのが有力な説です。江戸時代から明治に
なって町村合併が進められると、旧町村単位で行政区がつくられ、地
域の有力者に住民組織の代表として末端の行政を分掌する体制もでき
ます（山崎2005, p.65）。

　正式な制度となるのは、1940年9月11日の「部落会町内会等整備要
領」（内務省訓令第17号）から始まります。地域社会を構成する中心
組織としての部落会・町内会は戦争遂行の国家体制に組み込まれまし
た。戦後になって、1947年1月22日、内務省訓令第4号によりこの要
領は廃止、次いで日本国憲法が施行された同年5月3日、「政令第15号」
により部落会・町内会には解散措置が下されました。

　しかし、サンフランシスコ講和条約の発効に伴って町内会禁止が解
除された直後から、各地で町内会が徐々に復活します（田中1990,
p.50）。住民は地域の共益活動や行政への多様な陳情の担い手として、
行政は市区町村業務の補完活動の担い手として、双方が町内会等の組
織を必要としたからです。

　このような歴史的背景と住民・行政双方の必要性をバックに、町内会・自治会は地域を代表する組織となっています。

（2）町内会・自治会の特徴

　中田実は町内会等の基本的な特徴として以下の5点をあげています。
① 　一定の地域区画をもち、その区画が相互に重なり合わない。
② 　世帯を単位として構成される。
③ 　原則として全世帯（戸）加入の考え方に立つ。
④ 　地域の諸課題に包括的に関与する。
⑤ 　それらの結果として、行政や外部の第三者にたいして地域を代表する組織となる（中田2007，p. 12）。

　地域の諸課題に包括的に関与し、地域を代表する組織ですから、行政がその町内会・自治会の区域内で地域に関係する活動をする場合、町内会・自治会に説明し、了解を得る必要があります。困難な課題であれば、簡単には了解してくれないかもしれません。その場合でも決して無視はできません。粘り強く説明や話し合いを重ねる必要があります。

（3）町内会・自治会の主な活動

　地域によって違いはあるでしょうが、一般的には次のような活動を行っています。

ア　親睦のイベント

　地域住民の親睦こそ、町内会・自治会の本質的な活動です。親睦を

深めるために、様々なイベントを実施します。盆踊りなどの地域まつり、運動会や野球大会、バレーボール大会、グラウンドゴルフ大会などスポーツ活動、舞踊会やカラオケ大会などの文化活動のほか、高齢者向けには敬老会、子ども向けには潮干狩り、遠足や子ども会などがあります。神社の祭礼は氏子会が中心になって行いますが、実質的には町内会・自治会と一体になっていることも少なくありません。

　近年は役員の高齢化や、子どもが少なくなったことで参加者が少なくなり、活動が縮小、中止するところも増えてきました。

　さらに、地域には様々な課題があり、課題解決型の取組も行われています。代表的なのは次のようなものです。

イ　衛生美化活動

　家庭用ごみ集積所の設置・維持管理を行う町内会・自治会は多いです。リサイクル活動、集団回収なども行って、町内会・自治会の財源としているところもあります。道路、公園、排水路・河川敷などの清掃活動を行って地域の美化にも努めています。

ウ　交通安全、防犯活動

　春秋の全国交通安全運動では、町内会・自治会がテントを立ててPRする姿がよく見られます。防犯パトロールや通学の見守り活動なども行っています。近年は、道路などに防犯カメラを設置する例もあります。地元の警察署が防犯協会などを組織している場合、町内会・自治会の役員が充て職となっているなど一体となっていることも少なくありません。

エ　消防、防災活動

　平時には避難訓練、救命講習、防火や防災の呼びかけなどの消防防災活動を行うとともに、災害時の救助救出活動、安否確認、避難誘導、避難所運営、見守り活動も期待されています。しばしば、災害対策基本法上の自主防災組織となっています。地元の消防署が防火協会などを組織している場合、町内会・自治会の役員が充て職となっているなど一体となっていることも少なくありません。

写真5-1　東京都板橋区　町内会防災訓練

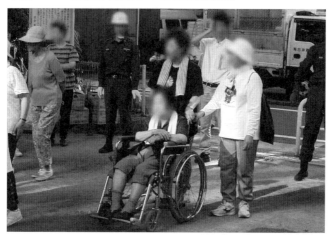

2001年9月1日　筆者撮影

オ　寄付金集め

　町内会・自治会等は会員を対象に寄付金集めを行うことがしばしばあります。まず、自らが開催するお祭やイベントのための寄付金、寺社の祭礼のための寄付があります。このほかに、日本赤十字社、赤い羽根共同募金、社会福祉協議会の会費集めなどがあります。このような社会福祉関係の寄付について、社協の職員が町内会・自治会に寄付

金集めととりまとめを依頼する例が多く見られます。住民にとっては、市区町村の地域福祉担当者も、社会福祉協議会職員も区別がつかないことも多いので、連携して情報を共有することが大事です。

カ　市区町村の連絡代行

　市区町村からの依頼により、広報活動を行います。市区町村の広報紙配布や、行政関係のイベントの告知、警察や消防等からのお知らせについて、ポスターを掲示板に貼ったり、チラシを回覧板で回したりします。

（4）町内会・自治会をめぐる4つの「共」

　筆者は誰か個人、あるいは何らかの組織と連携して仕事をする場合に、4つの共を順番どおりに進めることを意識しています。それは、「共有」「共感」「共働」「共創」です。

　「共有」は、お互いに必要な情報を完全に共有することです。福祉職員の皆さんが、町内会・自治会等の役員に話をする時に、ちょっと言いにくい情報を含めて、必要な情報は完全に共有する姿勢が求められます。それが信頼を得ることにつながり、共有情報という共通の土台のうえに、次のステップを重ねることができます。できれば、必要な情報以外にも、相手の状況をよく知っていたいところです。相手が他の行政組織とどのくらいの関係をもっていて、どれくらいの仕事をしているかをおおよそわかっている必要があります。町内会・自治会を担当する部署に出かけて行って、状況を把握しましょう。

　「共感」は相手の立場、行動、思いを自分の心と同調させ、敬意をもつことです。町内会・自治会役員は基本的には無償、あるいはごく

少額の実費で熱心に取り組んでいる方がたくさんいます。地域のために、多くの時間と労力をかけて、しかも無償で一所懸命に取り組んでくださっていることに心から共感できるかです。単なる、業務の連携先と見るのではなく、ボランティア精神で取り組む役員の人柄に敬意を持つことが重要です。筆者は、行政が地域とうまくやれていない場合も数多く見てきましたが、往々にして行政職員が役員と業務上の付き合いしかしたくないのが透けて見えていました。共感力が足りないのです。人は感情の生き物ですので、やはり自分のことをわかって、理解してくれる人と一緒に仕事をしたいのです。事務的な説明で事足りるなどと毛頭、考えてはなりません。

　「共働」は共に汗を流してものごとを動かすことです。同じ読み方で「協働」があります。協働とは、たとえば宝塚市まちづくり基本条例では「主権者である市民と市が、それぞれに果たすべき責任と役割を分担しながら、相互に補完し、及び協力して進めること」と定義しています。市民が主導して行政に「この事業を進めるために協働しませんか」というのは分かります。しかし、行政から市民の責任はこうですよ、役割はこうですよ、だからこうしませんか、行政も補完、協力します、というのはどうも現場感覚に合わない気がするのです。しかも、行政から声をかける場合は、法律上の行政の義務や、行政課題について協働を持ち掛ける例が多いのです。たとえば、行政イベントのPR、ごみ集積所の管理、放置自転車の通報、街路灯の点検、災害時の避難誘導などなど枚挙にいとまがありません。行政課題を解決するためには、行政職員が汗をかくのがまず先です。そこに共感した町内会・自治会役員が一緒に汗をかく、そんな思いをこめて、あえて筆者は「共働」と言っています。

　「共創」は、市民と行政が対等に考え、汗を流してイベント、ルー

ル作り、計画づくりをすることです。「共働」をしてある事業が進んでくると、また、いろいろな課題が出てきます。どう解決したらよいかを話し合い、その地域特性にあったイベントにします。また、地域社会課題に向けたルール作りを進めていきます。そのルールを計画化することで見えるか、共有化を進め、改善をしやすくします。このようにして作られたイベント、ルールや計画が「共創」の産物になります。

　町内会・自治会と連携して仕事を始める時は、この「4つの共」を思い出してください。まずは、情報共有と共感づくりが大切です。

（5）福祉と防災と町内会・自治会①〜地区防災計画〜

　2013年6月の災害対策基本法改正により、市区町村の一定の地区居住者等による自発的な防災活動に関する計画「地区防災計画制度」が創設されました。この計画は、地域コミュニティにおける「共助」による防災活動の推進を目的にしています。実際には、町内会・自治会を単位とする地区防災計画が多数、作成されています。地区防災計画制度の主な特徴は次のとおりです。

ア　地域コミュニティ主体のボトムアップ型の計画

　地区防災計画は、地区居住者等により自発的に行われる防災計画であり、地区居住者等の意向が強く反映されるボトムアップ型の計画です。

イ　地区の特性に応じた計画

　地区防災計画は、国内のあらゆる地区を対象にしており、各地区の特性（自然特性・社会特性）や想定される災害等に応じて、多様な形態をとることができます。たとえば、津波災害の時、市区町村全域で

は「車避難は原則禁止」とせざるを得ませんが、地区防災計画で高齢者、障がい者と一緒の時は車避難でもよい、と定めることができます。もっとも、その実行可能性については訓練などで検証する必要はあります。ある自治会では、津波避難の際、津波避難の道路を下からの一方通行にすること決めて、2車線で車避難ができるようにしました。このように、柔軟にルールを決められるのが重要です。

ウ　連携した防災活動

　町内会・自治会等の防災計画と違うのは、計画の関係者として行政関係者、学識経験者等の専門家のほか、消防団、福祉関係者、学校、ボランティア等との連携を含めて考えることができる点です。

　特に高齢者、障がい者等の避難支援は重要な活動であり、日常から接している福祉関係者の参画が強く望まれる課題です。

（6）福祉と防災と町内会・自治会②〜個別避難計画〜

　2021年度の災害対策基本法改正により、高齢者、障がい者等の避難行動要支援者の避難に関する計画（以下、個別避難計画という）策定が市区町村に義務付けられました。個別避難計画を策定するためには、避難行動要支援者本人が家族及び関係者とともに計画策定のプロセス、避難訓練、検証、見直し等を通じて災害対応の意識を醸成し、避難の意欲を高めることが重要です。

　特に介護支援専門員や相談支援専門員は、日頃からケアプラン等の作成を通じて、避難行動要支援者本人の状況等を把握しており、信頼関係も期待できます。このため、個別避難計画の策定業務においても、福祉専門職の参画を得ることが極めて重要です。

　ただ、実際に避難するとなると、近所の方の支援が必要です。町内会・自治会がその避難支援を引き受けることで、より実効性が高まります。

　そこで、地域福祉を担当する職員などが、避難行動要支援者本人も参加する会議を開催し、福祉専門職や地域住民に必要な情報を共有し、調整を行います。その結果に基づき、避難確保計画を作成し、さらに訓練や検証を通じて見直すことが望ましいと言えます。こうすれば、本人同意のもとで関係者が計画策定をするのですから、個人情報の問題はほとんど発生しません。

　実際に、大分県別府市や兵庫県内の市町は、本人の心身の状況や生活実態を把握している介護支援専門員等の福祉専門職に、業務として協力を得て、実効性のある個別避難計画を策定しています。

　超高齢者社会で激甚災害が多発する我が国において、個別避難計画はどうしてもやり遂げなければならない課題です。「災害は弱い者いじめ」という社会に訣別するため、地域福祉を担当する行政職員にも、ぜひ、福祉、防災、町内会・自治会を連結する役割を積極的に果たしていただくことを願っています。

　また、近年の災害では災害関連死が多くなっています。熊本地震では死者273名のうち、災害関連死が223名と直接死の4.4倍にもなります。亡くなった場所は、避難所よりもむしろ自宅が圧倒的に多くなっています。

　災害により地域の見守り活動が弱くなり、体調が悪化する人が絶えません。その防止のためにも、地域福祉担当者がキーとなって地域包括支援センターなど福祉関係者や町内会・自治会と連携して在宅被災者の見守りや支援活動を早期に実施することが望まれています。

図表5-1　熊本地震での震災関連死内訳　令和3年3月末時点218件（更新）

生活環境	人数	割合
発災時にいた場所及びその周辺	12	5.5%
避難所等への移動中	0	0.0%
避難所滞在中	10	4.6%
仮設住宅滞在中	1	0.5%
民間賃貸住宅・公営住宅等滞在中	0	0.0%
親戚や知人の家に滞在中	8	3.7%
発災前と同じ居場所に滞在中の場合【自宅等】	81	37.2%
発災前と同じ居場所に滞在中の場合【病院】	27	12.4%
発災前と同じ居場所に滞在中の場合【介護施設】	17	7.8%
入院又は入所後1か月以上経過し亡くなった場合【病院】	58	26.6%
入院又は入所後1か月以上経過し亡くなった場合【介護施設等】	3	1.4%
その他・不明	1	0.5%
合計	218	

出典：熊本地震の発災4か月以降の復旧・復興の取り組みに関する検証報告書、R3.4.9熊本県

引用・参考文献

山崎丈夫『地域コミュニティ論—地域住民自治とNPO、行政の協働』自治体研究社、（2003）

田中重好「町内会の歴史と分析視角」倉沢進、秋元律郎編『町内会と地域集団』ミネルヴァ書房、（1990）

中田実『地域分権時代の町内会・自治会』自治体研究社、（2007）

鍵屋一「熊本地震 5 年〜災害関連死を防ぐために〜」『ガバナンス』ぎょうせい、（2021）

鍵屋一（2021年 1 月）「進まない個別避難計画の作成を全面的に支援—内閣府「高齢者等の避難の在り方」最終とりまとめ」リスク対策.com.　最終閲覧日2021年 4 月13日15時30分.

2 社会的孤立問題と自治体福祉行政

　1995年の阪神淡路大震災後、慣れない居住環境の中で、血縁や地縁が希薄化した仮設住宅や災害復興公営住宅で暮らす高齢者が社会から孤立した結果、孤独死という形で問題が顕在化されました。そして2010年１月末、NHKスペシャル「無縁社会～"無縁死" ３万２千人の衝撃～」[1]が放映され、血縁・地縁・社縁が崩壊した日本の現状が紹介されました。加えて2010年７月には東京都足立区に住む、生きていれば111歳の男性が白骨化した状態で発見されました。戸籍や住民票などの公的記録上では生存している高齢者が実際は死亡や所在不明になっていた事件が全国各地で起きました。

　日本経済新聞社の調べによると、全国20ヵ所の政令指定都市が2018年度に身寄りがいないなどの理由で受け入れた無縁仏の遺骨数は計8,287柱になりました。2013年度と比べると1.4倍に伸び、全国の死亡者数の増加割合（1.1倍）を上回っています。無縁仏の遺骨は自治体が一時保管しますが、引き取り手が現れない場合は自治体の納骨堂などに合葬されます。それに係る費用は自治体負担になります[2]。

　孤独死、無縁社会、所在不明高齢者、無縁仏に共通する社会的孤立は、自治体は無視することができない問題になっています。

💬 （１）社会的孤立とは

　厚生省（当時）は、2000年12月に「社会的な援護を要する人々に対する社会福祉のあり方に関する検討会」報告書を発表しました。この報告書の中で、従来の社会福祉が対象としてきた「貧困」に加え、「心

身の障害・不安」「社会的排除や摩擦」「社会的孤立や孤独」といった問題が重複・複合していることを指摘しています。そして、内閣府「平成23年版　高齢社会白書」では、社会的孤立を「家族や地域社会との交流が、客観的にみて著しく乏しい状態」と説明しています。内閣府「平成20年度　高齢者の生活実態に関する調査結果（概要版）」では、「単身者」「未婚者・離別者」「暮らし向きが苦しい者」「健康状態が良くない者」が社会的孤立に陥りやすい高齢者だと指摘しています。また、内閣府「平成29年　高齢者の健康に関する調査結果（全体版）」によると、会話の頻度が「ほとんど毎日」は86.3％ですが、性別・世帯別で見ると、男性の単身世帯は45.7％、女性の単身世帯は58.8％と、独居者は会話の頻度が少なくなっています。

　社会的孤立の明確な定義がないため、社会的孤立の出現数などの実態は明らかになっていません。しかし、社会的孤立の出現数が多いか少ないかが問題ではなく、社会的孤立した生活を強いられている者が存在していることが問題であり、解決すべき課題であると言えます[3]。

（2）社会的孤立による様々なリスク

　英国では、友人や親戚と1ヵ月以上会話をしていない高齢者は約20万人いるとされています。そして、孤独を感じている成人が900万人以上存在し、経済損失が年間320億ポンド（約4兆9,000億円）に及ぶと推測されています。また、孤独はたばこを1日15本吸うのと同じくらい健康被害があると指摘されており、もし孤独を防止できれば、5年間で360万ポンド（約5億3,000万円）の医療費の削減が可能になると言われています。英国では孤独は心の問題のみならず、経済問題や医療問題としてとらえており、そのため、各自治体は各地の慈善

団体と協力して、孤独防止のための様々な活動に取り組んでいます。そして、英国は2018年1月に世界で初めて「孤独担当大臣」を設置し、国をあげて社会的孤立や孤独の問題に取り組むことになりました。

　日本でも食環境が死亡リスクや認知症になるリスクなど、健康に及ぼす研究がされています。たとえば、共食（誰かと一緒に食事すること）より孤食（一人で食事をすること）の方が死亡率がやや高い傾向にあります。さらに男性の場合には、同居者がいるにも関わらず孤食だと、死亡リスクが約1.5倍にもなります。そして、鬱になるリスクを比較すると、一人暮らしで孤食の男性は2.7倍、鬱になりやすいことが明らかにされました。一方、「配偶者がいる」「同居家族間の支援がある」「友人との交流がある」「地域のグループ活動に参加している」「就労している」という社会とのつながりが豊かであれば、認知症を発症するリスクが半減していたことも明らかになっています[4]。

　山田実は、「近所づきあいがない」「独居」「社会参加をしていない」「経済的に困窮」の4項目のうち、2項目以上該当する社会的に孤立している人のうち、約半数の人が6年後までに要支援・要介護状態になったり、亡くなっていたことを明らかにしました。そして、社会的に孤立している高齢者は、介護が必要になったり、死亡したりするリスクが、そうでない人より約1.7倍高いことも明らかにしました[5]。

　フランスの社会学者、エミール・デュルケームが1897年に発表した『自殺論』では、自殺を単なる個人の精神的な問題ととらえるのではなく、社会的背景に原因があると述べています。そして、人とのつながりや社会からの孤立と自殺の関連性を明らかにしました。また、アメリカにおける自殺・他殺・事故で亡くなる可能性を見てみると、人とのつながりが薄い人、つまり結婚していなかったり、親族がいなかったり、教会に通っていなかったりすると、死亡するリスクが2倍以上

になることが明らかにされました[6]。

██ （3）孤独死事例からみえる社会的孤立

　社会的孤立状態にある者が必ずしも孤独死するわけではありません。孤独死は、社会的孤立がセンセーショナルな形で顕在化したものと言えます。

　2012年1月に東海地区（愛知県、岐阜県、静岡県、三重県）にあるすべての地域包括支援センター（429か所）を対象に、2011年1月～12月31日までに担当エリアで起きた孤独死についてアンケート用紙留置式による調査を実施しました[7]。その結果、孤独死34事例の回答がありましたが、その一部を紹介します。

> 【援助拒否事例】
> 　援助拒否をしていた高齢夫婦（70代）の妻が亡くなったため、夫が葬儀会社へ連絡し、葬儀会社の社員が自宅に入ると、便などで汚れた姿で亡くなっていた妻を発見した。葬儀会社の社員が警察に通報した。地域包括支援センターには、近隣住民や民生委員から高齢夫婦について情報提供がされていたが、援助拒否のため、介入できていなかった。
>
> 【所在不明高齢者事例】
> 　一人暮らしの女性（70代）は認知症があり、脱水症状のため入院した。その後、退院準備をするため、女性と一緒に地域包括支援センターの職員が一時帰宅すると、室内は綺麗であったが、浴室から異臭がし、浴槽内に腐敗したものを発見した。警察に通報して捜査してもらうと、死後半年以上経過した弟（70代）の遺体であることが分かった。近隣住民や民生委員も弟が同居していたことを知らなかった。

【同居孤独死事例】

　女性（80代）は息子との二人暮らしで、日頃から地域との交流はなかった。自治会役員はこの親子を気に掛けており、時折訪問していた。ある日、自治会役員が訪問すると、同居していた息子は1ヵ月以上前に死亡し、女性はこたつに前屈になった状態で亡くなっていたところを発見された。

　上記の事例は、単に独居者が誰にも看取られずに死亡したわけではなく、同居家族がいるにも関わらず、孤独死している事例です。また、問題が顕在化したにも関わらず、支援に結び付いていなければ、社会的孤立状態を解決できず孤独死に至っていることが分かります。

（4）高齢者ばかりではない社会的孤立

　社会的孤立問題は、高齢者に限らず、様々な世代でも起きています。

　文部科学省「学校基本調査」では、住民票を残したまま1年以上所在が確認できない日本国籍の児童（小学生）と生徒（中学生）の人数を調査しています。その結果、1年以上居所不明者児童・生徒は、（図表5-2）のとおり、毎年度一定数がいることが分かります。

　また、新型コロナウイルスの感染拡大により、生活環境の変化や自粛生活を余儀なくさせられることになり、自殺という形で社会的孤立や孤独が顕在化しました。自殺者が2020年は2万1,081人と11年ぶり

図表5-2　1年以上居所不明児童・生徒数

2016年	2017年	2018年	2019年	2020年	2021年
104人	84人	63人	69人	78人	87人

出典：文部科学省「学校基本調査」

に前年比で増え、特に女性や若年層の自殺が増加しました。前年からの増加率は女性が15.4％（935人）、未成年は17.9％（118人）でした。未成年のうち、女性は44％（95人）の大幅増でした。年代別では20代が最も多い404人（19.1％）増で、10代も118人（17.9％）増え、若年層の増加率が顕著でした。

　内閣府「若者の生活に関する調査報告書」によると、15〜39歳までのひきこもりの推計は54万1,000人（2015年調査）でした。また、内閣府「令和元年版　子供・若者白書」によると、満40〜64歳までのひきこもりの推計は61万3,000人（2018年度）でした。つまり単純に合計すると、ひきこもりは推計115万4,000人となります。そして、ひきこもりの一部の者は孤独死予備軍になる可能性が高いと言えます。また、80代の親が長期間ひきこもる50代の子を支える「8050問題」は深刻な状況です。

　上記以外にも生活困窮や児童虐待、ヤングケアラーなど、課題を抱える人が地域や社会から孤立し、支援が得られないまま事件となって顕在化することがあります。こうした深刻な事態を未然に防ぐためには、国や自治体による社会的孤立対策が重要になります。

（5）国・自治体による社会的孤立対策

ア　国の取組

　日本では厚生労働省が「高齢者等が一人でも安心して暮らせるコミュニティづくり推進会議（「孤立死」ゼロを目指して）」を開催し、2007年8月に報告書[8]が作成されました。一般的に孤独死という用語が使用されていますが、厚生労働省は孤独死ではなく、孤立死という用語を使用しています。そのため、多くの自治体でも孤立死という用

語を使用しています。厚生労働省は、孤立死を「社会から『孤立』した結果、死後、長時間放置される」ような死と定義しています。独居者が孤独死や孤立死になるイメージがありますが、厚生労働省がいう孤立死は独居者に限定していません。加えて社会的孤立していることに着目している点も特徴だと言えます。

　国は、社会的孤立や孤独の全体像を把握するまでに至っていませんが、様々な調査によって、国民が社会的孤立や孤独に陥っている実態を把握しています[9]。日本でも自殺者の増加をきっかけに2021年2月、菅義偉内閣において「孤独・孤立担当大臣」が設置されました。そして、内閣官房に「孤独・孤立対策担当室」を新設しました。日本も本格的に社会的孤立や孤独の解決に向けて動き出したと言えます。

イ　厚生労働省通知の形骸化

　厚生労働省は、生活困窮している者の把握や必要な支援を行うため、自治体の福祉担当部局とライフライン事業者等の関係機関の連携の強化を図るよう、2001年3月に「要保護者の把握のための関係部局・機関等との連絡・連携体制の強化について」の通知を出しました。

　しかしながら、生活に困窮し、社会的に孤立した人が公共料金等を滞納し、ライフラインの供給が止められた状態で孤独死として発見される事案が発生していることから、厚生労働省は2012年2月に都道府県知事、指定都市市長、中核市市長宛に「生活に困窮された方の把握のための関係部局・機関等との連携強化の徹底について」の通知を出しました。

　それでも2020年12月に大阪市港区で餓死した母親（68歳）と娘（42歳）の同居孤独死が死後数カ月後に発見されました。この母娘は水道とガスが止められており、財布には現金13円のみ残っていました。大

阪市は孤独死を防ぐため、ライフライン事業者と協定を結び、異変に気付けば通報することになっていましたが、この事案はライフライン事業者が異変に気付けず、大阪市へ通報されていませんでした。2012年2月に出された厚生労働省の通知は形骸化していたと言わざるを得ません。

ウ　セルフ・ネグレクト状態にある高齢者への対応

　ごみ屋敷状態や援助拒否などにより、社会から孤立し、生活行為や心身の健康維持ができなくなっている、いわゆる「セルフ・ネグレクト」状態にある高齢者は、高齢者虐待防止法の高齢者虐待の定義に含まれていません。しかしながら、セルフ・ネグレクト状態にある高齢者は、認知症のほか、精神疾患・障害、アルコール関連の問題を有すると思われる者も多く、それまでの生活歴や疾病・障害の理由から、「支援してほしくない」「困っていない」など、市区町村や地域包括支援センター等の関与を拒否することもあるので、支援には困難が伴いますが、生命・身体に重大な危険が生じるおそれや、ひいては孤独死に至るリスクも抱えています。

　必要に応じて高齢者虐待に準じた対応を行えるよう、高齢者の見守りネットワーク等の既存のネットワークや介護保険法に基づく地域ケア会議も有効活用しつつ、セルフ・ネグレクト状態にある高齢者に対応できる関係部署・機関の連携体制を構築することが重要になります[10]。

エ　自治体の取組

　京都市では2012年6月より「ひとり暮らし高齢者全戸訪問活動事業」が実施されています。本事業は、地域包括支援センターの職員が

年に１回の訪問活動を行っています。また、岐阜県多治見市は、2014年７月より市民の生活に接点がある民間事業者と協定を結び、「孤立死ゼロ／虐待死ゼロのまち協力隊」を発足させました。協力隊は訪問先等で何か異変に気づいた場合は、その情報を多治見市へ通報連絡する見守り活動を行っています。新聞や弁当を宅配した際に、高齢者の異変に気付いて救助につなげています。

　群馬県太田市は2012年11月より、市職員が自ら高齢者の安否確認をする「おとしより見守り隊」事業を実施しました。65歳以上の一人暮らし高齢者（特に見守りが必要な方）を対象に月２回訪問します。宅配などの民間事業者などに見守りや通報の協力を求める自治体は多いですが、市職員自ら見守り活動を行うことは全国初の試みだと言えます。また神戸市は、2021年４月より子どもや若者の社会的な「孤独・孤立」問題に取り組む「こども未来担当局長」をこども家庭局に新設しました。つまり、社会的孤立対策に関して、市区町村格差が出てきています。

　社会的孤立している者は、要援護者として把握されても援助拒否する者もおり、地域住民だけの関与では限界があり、自治体の関与は必要だと言えます。

（6）社会的孤立問題は「社会の問題」

　近年、地域や社会に内在していた社会的孤立問題が顕在化し、深刻化しています。そのため、社会的孤立問題の解決を地域住民任せにしてしまうと、地域の福祉力の差が大きく、地域格差が生まれます。社会的孤立問題は、「個人の問題」から「社会の問題」へと位置付けて取り組んでいく必要があります。

注

1　NHK「無縁社会プロジェクト」取材班『無縁社会』文藝春秋、(2010)

2　「日本経済新聞」夕刊、2019年9月24日付。

3　河合克義『大都市のひとり暮らし高齢者と社会的孤立』法律文化社、(2009)

4　近藤克則『長生きできる町』KADOKAWA、(2018)

5　「朝日新聞」夕刊、2018年6月15日付。山田実「社会的フレイルを予防し、高齢者の健康生活を持続させるために─社会とのつながりが健康をつくる」『月刊福祉』2020年1月号、pp41-45。

6　イチロー・カワチ『命の格差は止められるか』小学館、(2013)

7　本研究は「高齢者の孤立死の実態と予防活動に関する研究」（課題番号：23730553）科学研究費補助事業（文部科学省）（若手研究B）の研究成果の一部です。

8　厚生労働省「高齢者等が一人でも安心して暮らせるコミュニティづくり推進会議（「孤立死」ゼロを目指して）─報告書─」、(2008)

9　新井康友「社会的に孤立した果ての死（孤立死）」新井康友、他『社会的孤立死する高齢者たち』日本機関紙出版センター、(2022)

10　厚生労働省「市町村や地域包括支援センターにおける高齢者の『セルフ・ネグレクト』及び消費者被害への対応について」、(2015)

3　ボランティア・NPOとの協働

　筆者はこれまでNPOの立場で、あるいは地域の団体の立場で、地元の自治体と様々な協働の活動を経験してきました。また、そうした経験について考えたことを本に書いたり、大学で教えたりもしています。本節では、新たに地域福祉に関わる部署に配属されてきた行政職員の皆さんに、住民のボランティア活動やNPO等による市民活動と行政との関係を考えるうえで、知っておいていただきたいことを示します。

　住民や市民の自発的・主体的な活動との協働は、行政にとって地域福祉領域に限らない普遍的なテーマです。行政とボランティア・NPOとの関係性について、行政職員の立場から考える一助となれば幸いです。

（1）コロナ禍で問われた「不要不急」

　2020年2月からはじまったコロナ禍は、いわゆる住民主体の地域福祉活動・ボランティア活動、NPO（非営利組織）の活動に重大な影響をもたらしました。というのも、そもそもそれらの活動とは、いわば「不要不急」の様々な活動を通じて、人のつながり、いわゆる社会関係資本（ソーシャル・キャピタル）を蓄積することだったからです。

　子育て支援にせよ、被災地支援にせよ、活動は何よりもまず「人の集まり」からはじまります。物理的に、あるいは精神的に離散してしまった（している）人々が、再度、あるいは新たに集まれるようにすること、一緒に食べる、一緒に話すことができる場をつくること。それが、支援の第一歩です。そして、さらに言えば、それらは同時に地域福祉活動のゴール（様々な人と関わりながら生きる・育つという環

境、生活スタイルの構築）であるとも言えます。現代社会の様々な病
理は、人々の孤立から生まれています。この半世紀、急激な産業社会
化は、人類が何万年にわたって営みつづけてきた共同の生活スタイル
を解体し、かわりに個別に「買う」暮らしのスタイルをもたらしまし
た。「お客様」になることは気楽な快適さをもたらしました。そのか
わり、共に食べ、働き、遊ぶという機会を喪失する結果になりました。
そうして日常の中で、助けたり、助けられたりする機会をなくした私
たちは、他者の助けが本当に必要な時でも、それを求めることができ
なくなりました。何かあっても、自分だけでがんばる、家族だけでが
んばる、人に迷惑をかけてはいけない、と。その結果として生まれて
きたのが、「自己責任社会」（きびしい生活に陥っても、すべて悪いの
は自分のせいだと考える人が多数を占める社会）です。SOSを出そう
にも、その機会もない、そもそも人に手を借りるという発想がない
……他者と共に居る、共に生きているという感覚を持つことはとても
難しい。それが私たちの現在の生活のスタイルです。他方、こうした
流れを受けて、1990年代以降、まず「集まることからはじめよう」と、
高齢者サロンや子育てひろば、子ども食堂などが、住民によって広く
展開されてきました。

　本節では、以下、地域福祉をめぐってしばしば話題になる「自助、
共助、公助」をキーワードに住民主体の地域福祉活動（共助）の価値
と、あわせて公助の担い手とされる自治体の関わり（支援と協働）に
ついて考えます。

（2）共助の価値

　近年、大きく広がった活動に、フードパントリーと呼ばれる活動が

あります。企業や個人から寄付された食料品を、生活に困窮している方に配布するという活動です。企業側のフードロスの削減と厳しい生活をしている人向けの支援を組み合わせることで成立し、ここ数年で急速に全国にひろがったものです。ここではフードパントリーの活動から、共助の意味を考えてみたいと思います。以下は、筆者が「越谷子育て応援フードパントリー」をコロナ禍の最初の夏に訪ねた時のレポートの一部です。

　2018年、筆者の住む埼玉県で最初にはじまった「越谷子育て応援フードパントリー」。代表は長い間、地域でさまざまな子どもの支援をしてきた草場澄江さん。
　（中略）草場さんたちは2ヶ月に1回、150世帯に食品を手渡してきた。
　（中略）
　草場さんは次のようにいう。
　「食品を渡すのは、一言で言うと、つながりをつくるためです。『相談』には来なくても、『食品の配布』だと来れる人がいるんです」
　毎回顔をあわせていると、本当に困ったときに連絡をしてくれるという。コロナ禍での自粛期間中も、電気が止まり家賃も滞納してしまっている、とSOSを発信してくれるお母さんがいた。いきなり行政に相談するのはハードルが高くても、あの人たちならと思ってくれる、と。食品を手渡しながら話す時間がある時は、ゆっくりと話しを聞く。
　「たわいない話ができる関係がだいじなんです」
　草場さんは、2017年にパントリー用に空き店舗を無料で借りられることになった時、同時に学習支援の活動をはじめた。これはひとりの女の子との出会いから生まれたそうだ。その子は二学期のはじまる

日、学校に行きたくないと訴えた。「じゃあ、せっかく休んだのだからあなたが安心して過ごせる場所を探そう」とまちに出た。図書館などいろいろな場所を二人でまわった。しかし、その子は首を縦にふらない。理由を聞いてみると、「実は、私（草場さん）がそばにいれば、場所はどこでもいいということだったんです。それで自分でその子と一緒に勉強をする場を持つことにしたんです」

　この学習支援の場に、近所に住む男性が、ボランティアで、仕事帰りに立ち寄って手伝ってくれるようになった。「子どもたちにとても人気があります。とにかく子どもたちの話をよく聞いてくださるんです。地域のおじさんと話ができるというのは、子どもたちにとってだいじな経験になっていると思います」

　「学校の先生は異動しますが、私はこのまちに住み続けます。それは出会った子どもたちと一生のつきあいをしていくということです」と草場さん。

　「これが地域のおばちゃんの私にできることなんですよね」[1]

　草場さんの言葉は、専門職ではない住民が地域の福祉に関わることの本来の価値を端的に語っています。住民ができること、住民にしかできないこととは、住民同士が出会い、つながり、支え合うことです。人と人の関係性は、直接、何らかの形でやりとりするなかで、その結果として生まれてくるものです。冒頭、住民主体の福祉活動は、それ自体ゴールでもあると述べた意味はここにあります。

（3）「自助、共助、公助」再考

　子ども食堂やフードパントリーの活動がどんなに広がっても、それ

で貧困そのものが解決するわけではありません。食べ物を配ることは、直接、日々の暮らしを助けることにはなりますが、それだけで、暮らせるわけではありません。「貧困とは、貧乏＋孤立である」[2]という言葉があります。この「貧乏」の解消は、住民による共助の力で解消することはできません。労働、経済、社会保障など様々な制度や仕組み（≒公助）が是正されないかぎり、解消されることはありません。「住民による福祉活動は、権利の擁護はできても保障はできない」（早瀬昇[3]）のです。他方、後者の「孤立」については、住民同士の関わりをつくることが問題解決ということになります。住民の困りごとに近所の住民が関与することによって、相互の関係が生まれていきます。その関係性が、今日を生きることを支えていきます。

筆者は大学で、子どもに関するNPOを学ぶ科目を担当しています。教員、保育者などの専門職を目指す学生に、たくさんのNPOと出会う機会を設けています。新宿で外国にルーツをもつ子どもたちの支援を続けているNPO法人「みんなのおうち」が主催する学習支援の現場にも毎年、学生を連れていきます。多くのボランティアの大人たちが関わっている様子を見せてもらい、時にはボランティアをやらせてもらいます。「学校で適切なサポートを受けられず、保護者は夜も働いていて、こういう場がないと、夜のまちに出ていってしまいます」と代表の小林普子さんは言います。公的な制度・施策が諸外国と比べて、あまりにも貧弱で、早期の改善が必要な状況です。本来は、公助としてやるべきことを、「ほっとけない」と気づいた市民が動いているのというのが実態です。

とはいえ、こうした活動の価値は単なる公助の不足の尻拭いというだけではありません。このことについて、筆者から学生たちに次のように伝えています。「いわゆる大変な状況の子たちでもあるけれど、

それは必ずしも不幸ではないかもしれないよ。『先週、来なかったね、待ってたんだよ〜どうした？』『来週またね』って待っていてくれる（親以外の）人の存在に、子ども時代に出会えるということは、とても意味があると私は思う。人は信頼に足りる、ということは体験しないとわからないから。みんなは、子ども時代、そんな大人に出会えていますか？」と。

　様々な境遇の子どもたちだからこそ、たくさんの大人たちが直に関わりを持つ機会が必要です。それがあってはじめて「外国人」としてひとくくりにするのではなく、「一人の人」に見えてくるからです。この意味で、共助＝草の根のよい出会いの積み重ねが、適切な制度や政策の必要性についての社会的な合意（公助）を下支えします。「こわい」「ずるい」といった偏見や差別（歪んだ認識）が広がることを防止します。

　こうして考えていくと、「自助、共助、公助」は、同時並行で必要なものだということになります。「まず自助、自助がだめなら共助を、それがだめなら公助」などという、人の世話にならないという意味での「自助」が目標の自立観が今日の生きづらさの根底にあるのではないでしょうか。いわゆる共生社会には、公助も共助も必要です。しばしば「公助による制度の隙間を埋めるために、共助が必要だ」と言われますが、それはとても一面的な見方なのではないでしょうか。共助には共助独自の価値があります。

　自治体は、共助の本来の価値を理解したうえで、共助と公助の連携をすすめる必要があるのではないでしょうか。また自治体は安易に共助を支援したり讃えたりする前に、自分たちが公助としてまず何をすべきか、できているのかをきちんと検証することからはじめるべきではないでしょうか。

（4）公共の担い手は誰か〜「新しい公共」〜

　明治維新以降の長い間、日本社会では、「みんな」に関わること、すなわち公益とよばれる仕事は、国、地方自治体などの行政セクターが一元的に担うものとされてきました。逆に、民間企業は納税の義務さえ果せば、それ以外の社会的な貢献の有無などは問われないという「公私の分離体制」がとられてきました。他方、民間の立場で公共に関わる仕事をしたいという場合（例えば社会福祉法人や学校法人等）は、行政におうかがいをたてて、おゆるし（許可）をえなくては活動できませんでした。

　一方、戦後、高度成長にはじまる市民による自発的なボランティア活動は、1980〜90年代にかけて市民による国際援助（NGO）、環境問題、住民参加型の助けあい活動、ジェンダー、芸術など様々な分野で大きく広がりました。NPO（民間非営利組織）という概念がアメリカから輸入され、こうした市民の動きを社会的に位置付けようという機運が生まれました。そして1995年の阪神淡路大震災のボランティア活動が大きな転機となり、1998年にNPO法（特定非営利活動促進法）が成立しました。この法律により、市民によってつくられた団体（NPO）が、事業主体として法人格を取得できることとなりました。こうした社会の変化を受けて、2000年代以降、自治体の事業をNPOが受託するなど、行政とNPOの関係は広がってきました。

　たとえば「子育てひろば」は、当事者の母親たちが、自主的に公民館などに集まることから生まれた活動ですが、その後、その価値を認めた国が公的な補助制度をつくっていきます。その制度をつかって、自治体がNPOにひろばの運営を委託するということも広がっています。こうした住民立によるNPOなどの事業体が、自治体の仕事を受託

するという動きは、公助の位置付けを持ちつつも、住民による共助、あるいは自治の側面を持つものであり、まさに、NPO法が目指した社会のありようを体現しているといえます。

　さらに、20世紀末ごろから企業も社会に対してどう影響を与えていくのかということが徐々に問われるようになりました。民間とはいえ、納税以外は私的利益だけを追求していてよいのか、と。その流れから2010年代いわゆるSDGs（持続可能な開発目標）にそって、環境に与える影響や働き方にきちんと配慮した事業経営が求められるようになりました。

　このように、かつて自治体・行政セクターのみが担うものとされていた公共に、企業やNPOやボランティア、そして地域住民が重層的に関わることで、生み出していこうという流れが徐々に大きくなり、これを「新しい公共」とよび、現在に至っています。誰もが社会をつくる当事者であるということがようやく社会的な合意となってきたと言えるかもしれません。

（5）自治体がNPOやボランティア活動を「支援」する意味

　NPO法の第1条には、「市民による自由な社会貢献活動を促進する」という目的が掲げられています。ここでいう「市民」とは、自らの責任と判断を根拠に動く人という意味です。「自由な」とは、何を社会的な課題（「みんなの問題」）とするかを自分で決めるということです。それゆえ、一般にまだ社会的な課題として認知されていないものも含みます。たとえば、DVや児童虐待は1990年代には「家庭内のもめごと」として扱われ、警察も行政も不介入という扱いでした。しかし、「それは個人の問題ではなく、社会的な課題である」と考えた人びとによ

る、長年の地道な活動と社会への働きかけの結果、DV防止法・児童虐待防止法などができました。今ではDVも児童虐待も、制度的に対応する仕組みができています。

　つまり、何をみんなの問題とするかも、日々「揺れ」、変わっていくということなのです。その意味で、市民による様々な活動が活発な社会は、早く社会を変えていくことができる、不幸を減らし、生きやすい社会、あるいは持続可能な社会を作り出すことができるといえるでしょう。

　さらに「自由な」には、こんな意味合いも含まれます。ボランティア活動は「〇〇地区の子どもたちを対象に」など限定することができます。被災地などで現地に入ったNPOなどが、「自分たちはこの地区のことについて取り組む」という決断ができるのは、民間ならではの強みです。他方で、自治体は地域全体にどうすれば平等に支援が届くようにすることができるかを考える責務を負っています。

　ボランティア活動、地域福祉活動、NPOなどの民間で公益を担おうとする団体を自治体が、支援・促進することの意味は、こうした住民・市民による「自由な」社会貢献活動が、その社会、まちの豊かさに大きく寄与すると考えられるからです。

（6）自治体とNPOやボランティア活動が「協働」する意味

　前述のフードパントリーの活動は、いわゆる官民の連携のあるなしがその活動の広がりに大きく関わります。たとえば、公立中学校の先生が、その地域でひらかれるパントリーの開催を知らせるチラシを配ってくれたり、個別にきびしい家庭事情の子に声をかけてくれたりするなど、いわゆる個人情報を持っている機関が、住民のボランティ

ア活動であるフードパントリーと連携することによって、確実に必要としている世帯につながり、食品を手渡すことができます。食品を提供してくれる企業、それを受け取り配布するNPO、必要な家庭につないでくれる公的な機関が連携してはじめてできる活動です。官民が協働する意味はまさにここにあります。

　しかし実際は様々な問題があって、こうした協働の関係はなかなかすすみません。前述のとおり、何を公益と考え、どこを優先するのかを自由に決めることができる、という民間の活動の特徴は、同時に、必ずしも、その時点での自治体の政策と一致するとは限らないことを意味します。また住民同士でも何が公益なのかについて、判断が大きく違ってくることも珍しいことではありません。多数派の意思は重要ですが、多数の支持する考えのみが、公益とは言えません。それゆえ、民間の動きと、自治体の動きは、時に対立やすれちがい、誤解が生まれます。違う組織ですから違いがあるのは当然です。大事なことは、違うということを前提にして、何が一緒にできるのか、互いに補完しあえるかを考えることです。そのため、常になんのために協働しているかを確認していくことが必要になります。

　良い協働のためには、日頃からそのまちの課題、誰がどう困っているのかについて、あらかじめ共通認識を持てているかどうかにかかっています。自治体職員と住民、そして、住民同士の対話を通じて互いに学びあっていける機会、つまり対話の場が必要です。自治体の計画づくりや自治体主催の会議などは、その良い機会です。

　とはいえ、現実的にはまだまだ公益は官が担うもの、民間が関わるならその下請けという考えは根強いものがあります。自治体の財政的な事情、すなわち「より安く住民サービスを調達する手段」として民間企業に参入させるという、古い「公共観」に基づく施策も多く見受

けられます。

　なぜ民間団体に委託するのか、なぜ協働するのかを今一度、確認する必要があるのではないでしょうか。

　自治の主体は、住民自身です。共助（関わりあうこと）によって、互いを共に暮らすメンバーであるという認識を持ち、さらに対話によって意見の異なる人とも学びあい、共通の認識が持てるようにしていくこと。それができる住民がたくさんいるまち、そのことを大事にする職員がたくさんいるまちは、人々がいきいきと暮らせるまちなのではないでしょうか。自治とはそのような日々の地道な営みのことをいうのではないでしょうか。

（7）協働は、「まず人として出会うこと」から

　筆者はこれまでNPOや地域の団体の立場で、地元の自治体と様々な協働の活動を経験してきましたが、行政職員の方とは、いつもまず人として出会うことを心がけてきました。何が楽しいと感じている人なのか、どんなことをしたいと思っている人なのか、おしゃべりをしながら、まずそこから理解していきます。そのうえで、この事業を通じて、こんなことができたらいいですよねと語りあいます。そうしてはじめて、それぞれが持っている立場を活かして何ができるだろうか、という議論にすすみます。事業をすすめるうえでは様々な困難や失敗が発生しますが、それをともに苦労し、工夫を重ねていきます。そのように進めていくと、たいていは良い仕事ができた、と振り返ることができます。そして、事業を終えた時そのパートナーとなってくれた自治体職員の方とは、立場を超えた「仲間」になっています。

　「自発性を励ますものは自発性」という言葉があります。人の熱を

感じる時、人の「こころ」が動きだします。「あたま」つまり理屈で身体が動くわけではありません。呼びかける側に「こんなことはなくしたい」「こんなまちにしたい」という熱があり、それが伝わっていくことが、社会や地域を変える大きな動きになっていきます。住民から自治体へも、あるいは逆であってもそれは同じなのだと思います。この事業を通じてあなたが何をしたいと思っているのか、住民はそこを見ています。

　たとえ、たまたまその立場になったから、担当になったから出会ったのだとしても、まずは一人の人として出会い、語りあい、共に苦労することを通じて、仲間になっていってもらえたらと願います。まちの困りごとを、まちの人と一緒に解決していくことができる、自治体職員の仕事の魅力はその「仲間になっていく」というプロセスの中にあるのではないでしょうか。

注

1　『くらしと教育をつなぐ We』227号（2020年8 / 9月号）　西川の連載記事「あそびの生まれる場所」より一部抜粋

2　農業協同組合新聞（JAcom）「日本の貧困、その現状インタビュー：湯浅誠氏」　https://www.jacom.or.jp/archive03/tokusyu/2010/tokusyu101020-11312.html、（2010）

3　早瀬昇『「参加の力」が創る共生社会』、ミネルヴァ書房、（2018）

4　地域福祉とコミュニティデザイン

（1）コミュニティデザインとは

　筆者の職業はコミュニティデザイナーです。コミュニティデザインとは、地域に暮らす住民が地域の事情について考え、地域のことに関わりをもち、課題を解決したり可能性を広げたりしていくのを手伝うことです。特に、行政と住民が一緒になって取り組む市民参画のまちづくりの場面に関わることが多くあります。たとえば、まちの10年を考える総合計画策定や公園や公共施設のマネジメント、空き家や空き店舗の活用や社会教育など、住民の生活に密接に関わるまちのことについて、住民と行政、時には企業などが一緒になって話し合いアクションを生み出していくことをデザインの力を使って手伝います。デザインと聞いて、見た目を美しくしたり格好良くしたりすることと思われたかもしれません。デザインには使いやすくする力や分かりやすくする力、楽しそうと思わせる力、人の心を動かす力、そして問題を解決する力があります。その力は、役所でも、病院でも、図書館でも、学校でも、人が生活する様々な場所で発揮されます。

　市民参画を促す時は、自分がやりたいことや楽しいと思っていることを考え、どうしたら地域で困っていることを解決できるか、あるいは少ない資源や新しい資源を活用して可能性を広げられるか、ということを考えます。そして住民や行政の人が「このまちはいいな、住んでいてよかった、ずっと住んでいきたい」と思う地域やまちをつくっていくのを手伝っています。1つの地域でだいたい3年くらいをかけてプロジェクトを実施し、事業の終了後は住民と行政の皆さんが一緒

になり、自分たちで地域をつくっていきます。

　行政の職員として働く中で、公共サービスを提供したり施策を考えたりするのに行政だけでは抱えきれないのではないかと思っている方、もっと面白い方法があるのではないか、各機関と連携する方法が分からないという方、又は上司から「これからは市民参画型でやるぞ」と言われて何から始めたらいいだろうと悩んでいる方、そんなあなたに本節を贈ります。それでは地域福祉において、コミュニティデザインはどのようなことができるのか、説明していきたいと思います。

（2）地域福祉とコミュニティデザインの関係

　筆者は福祉の専門家ではありません。そこで地域福祉を市民参画でやりたいと依頼があった時に、地域福祉について自分なりに勉強しました。その時に最も役立った一節があります。「地域福祉は、誰もが直面する可能性のある生活上のさまざまな困りごとを、自助―互助―共助―公助を適切に組み合わせることによって解決し、住み慣れた地域社会でその人らしい暮らしを続けていけるようにすることを理念として行われる、サービスや活動およびそのための基盤整備、ならびにそれらがつながっている状態をつくりだす取組の総称である」（図表5-3）（牧里、杉岡、森本［編］「ビギナーズ地域福祉」166頁）「その人らしい暮らしを続けていける」（地域をつくる）ことは、まさにコミュニティデザインの得意分野だと思いました。

　コミュニティデザインの現場で出会う地域に暮らす人は、地域の暮らしの専門家、自分の生活のプロです。彼らは地域で困っていることは何か、自分らしく暮らすとはどういうことかをよく知っています。たとえば、自分らしく暮らすために様々な資源を組み合わせて、一人

図表5-3　地域福祉の考え方

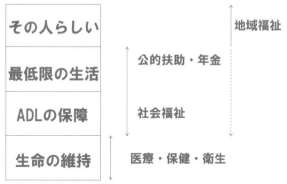

その人らしい暮らし

出典：牧里毎治・杉岡直人・森本佳樹〔編〕「ビギナーズ地
域福祉」167頁より筆者作成

で困りごとを乗り越えていることも多くあります。東京に暮らす一人
暮らしの高齢の女性は缶ビール１本を、毎日同じコンビニエンススト
アに買いに行きます。毎日１本のビールを買いに行くなんて、現役で
働いていると思いも寄らないですが、彼女はそうすることで自分の存
在を誰かに知らせていると言っていました。それに、毎日行くと挨拶
や日常会話が生まれてそれも楽しみになっているのだそうです。秋田
で一人暮らしをしている男性のお昼は、昔行きつけだったスナックの
ママの手作り弁当です。ママに話を聞いたら、常連客の高齢化に伴っ
て夜間よりも昼間に会うほうが楽な人が多いこと、昼ご飯に困ってい
る人が多いことを知って、何人かに毎日お弁当を作りスナックに取り
に来てもらっているのだと教えてくれました。些細なことですが、本
人が自ら持っている資源を活用して、自分らしい暮らしを維持してい
る例です。離島では、毎日誰かの家の軒先に集まっておしゃべりする
とか、自分たちで特産品を開発して販売した売上を島内タクシーの運

営に充てるという事業を生み出すなど、楽しみながら自分たちで支え
合っている例がたくさんあります。本人たちは支え合っているという
よりも、楽しいことをやっている感覚かもしれません。しかし医学的、
福祉的な視点から見たら、自ら介護予防に取り組んでいるとも言えま
す。行政としてもこんな住民が増えたら、健康寿命が延びるし、社会
保障費が削減されていいと思った方もいるかもしれません。

　しかし、自分だけあるいは数人だけががんばっているだけでは長続
きしません。特に高齢の住民はお互いに支え合っているケースが多く、
年をとればとるほど心身に支障をきたして自助や互助ができなくなり
ます。こうしたところに行政の力が重要になってきます。些細だけど
大事な自助や互助をどのように生み出し、行政として支えていけるか。
自助や互助で支えきれない時にはどうしたらいいか。住民あるいは行
政だけでできないことを、一緒に進めていくにはどうしたらいいか。
住民の方でも、地域の現状や将来自分がどのようなことに困るのかな
ど、自らの状況を把握していない、あるいは知る機会がない人や、困っ
ていても声をあげられない人が多くいます。

　そこで、私たちは両者の間に入って、互いにどういうことが求めら
れているか、どんなことがあったらいいか、自分たちは何ができるか、
などを話し合い、実際にアクションを生み出していけるよう手助けし
ていきます。こうした話し合いとアクションの場をワークショップと
呼んでいます。

（3）コミュニティデザインのステップ

　コミュニティデザインのステップを図表5-4に示しています。
ワークショップを始める前、私たちは地域に関係する情報を収集し分

析します。歴史や人口動態などの基本情報と、地域住民や行政の職員の思いなど人に会って話を聞くヒアリングを実施して情報を集めます。ヒアリングで出会うのは、大きく分けて2つのタイプの人たちです。1つ目は事業のテーマに関係がありそうな人、地域福祉であれば民生委員、町内会長、実際に地域福祉的な活動をしている住民、困りごとがある住民、社会福祉協議会などの団体です。2つ目は地域福祉に関係なさそうな人、たとえば若い夫婦でカフェを始めた移住者、古い建物をオシャレなお店にしているデザイナー、自分たちで地域の祭りを始めた若者、などです。一見、地域福祉とは縁がない人たちは、まちづくりでよく言われる「よそもの、ばかもの、わかもの」という類の人たちにあたるでしょう。彼らの発想や行動がこれまで課題となっていたことを乗り越えるヒントになることもあり、まちづくりで

図表5-4　コミュニティデザインのステップ

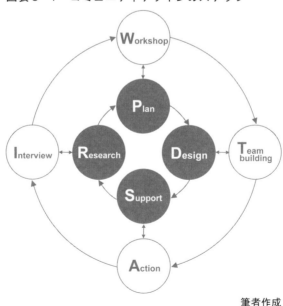

筆者作成

図表5-5　コミュニティデザインの手法（基本）

1、地域を理解する

2、担い手としての
主体者意識を高める

3、信頼感を高め組織化する

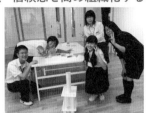

4、初動期の活動をサポート

筆者作成

は状況を好転するキーパーソンとなることがあります。ヒアリングでは、まちで感じる困りごとから、まちにある面白いことなどを1時間程度聞きます。そして必ず最後に彼らが面白いと思う人を紹介してもらいます。こうして面白い人たちと出会い、ヒアリングする人を増やしていきます。ヒアリングで出会った人たちとは、この後に開催するワークショップにも参加してもらえる可能性があります。ヒアリング時に聞いた話を活かせることもあるので、ワークショップを開催することになったら、必ずお誘いします。

　基本情報とヒアリングから、地域の現状を整理して見える化していきます。この情報は後にワークショップで使う可能性もあるので、はじめて見る人にも分かりやすく伝わりやすいように整理しておきます。

　次に、ワークショップのプログラムをデザインします。どのくらい

の人数規模が適当か、何回程度の話し合いが必要かなどを割り出していきます。ワークショップの場では、参加者はみんな対等です。対話の前に、参加者同士がじっくりと知り合う時間をもうけるなどして、町内会長や大学教授、あるいは行政職員という肩書を一度外して、地域に暮らす一人の住民という同じ立場で話せるようにする必要などもあります。またワークショップでは、行政が困っていて住民に担ってもらいたいことと住民が地域でやりたいことのズレ、資源に限りがある、など行政と住民が一緒に進めていくのに障壁となることが存在します。こうした障壁もうまく考慮してデザインしていきます。

（4）ワークショップを開く

　ワークショップでは、参加する人が多様であることが大事になります。特に地域福祉は高齢者とか障害者と特定の人に目を向けるわけでなく、地域に暮らすあらゆる年代、状況の人が対象となります。様々な立場の人がいれば、それだけ多くの視点や意見が得られます。しかし多様な参加者が集まると、自分の言いたいことや声の大きい人だけが発言するということも起きかねません。そうした話し合いの場では、安心して自分の意見を言ったり、他の人の意見を聞いたりできません。そこで、まずは地域の現状や地域福祉とは何かなどを理解し、時には宿題を出して自習してもらい、互いの調べたことを共有しながら、参加者同士で学んでいけるように設計します。こうして自分たちが学んだことを踏まえて話し合うと、対話ができるようになっていきます。

　対話は、会話とも議論ともディベートとも違います。参加する者同士の意見が違っていてもいいし、結果が出なくてもいいのです。対話を繰り返すことで、他の人を知り、新しい学びを得て自分の意見が変

わることも含めて、同じ目的や目標を目指すようになることが大事です。

　この対話を繰り返していけるように、話し合いの場を安心して楽しめるものとするのがコミュニティデザイナーの役割でもあります。危険で楽しくない場では、面白い意見やアイデアは生まれません。「こんなこと言ってもいいかな」と思って、発言したことに「私もそう思ってました！」という共感の声が聞こえると、もっと言ってもいいかなと思うものです。こうした場作りにデザインは欠かせません。

　福祉に関する会合は、関心がある人が多く参加します。正直に言うと、地域に暮らす住民は、地域福祉にあまり関心が高いとは言えません。地域福祉という言葉を聞いたこともない人もいるでしょう。そういう人に関心を向けてもらえるような魅力的な案内のチラシや、アプローチの方法を考えます。さらに来てくれた人が楽しいと思えるようなプログラムや会場の装飾を用意し、誰かを誘ってみようと思うツールなど、参加する人が主体的になる工夫を施していきます。

（5）地域福祉とコミュニティデザインの事例

ア　「あきた年の差フレンズ部」（秋田県秋田市）

　秋田県秋田市では、エイジフレンドリーシティに登録し、高齢者に優しいまちづくりを進めています。人口の3人に1人が高齢者になるという状況の中、ひと口に高齢者と言っても元気な人も支えが必要な人もいるので、元気な高齢者がいつまでも自分の健康を保ち、支えが必要な高齢者を手助けする仕組みが作れないか、と依頼を受けました。その時に「高齢者」とは誰を指しているのかを考えました。定義として65歳以上の人を指しますが、高齢者という言葉に覆い隠されて本当のところがわかりません。そこで、市内に暮らす高齢の住民を訪ねて

写真5-2　参加者が考案した先輩す
　　　　　ごろくで遊ぶ人たち

写真5-3　展覧会の様子

写真5-4　参加者が考案した薬の殻
　　　　　でつくった茅の輪をくぐ
　　　　　る人たち

写真5-5　展覧会に協力した先輩
　　　　　に会って感動する来場
　　　　　者たち

会いに行き、お話を聞いて自分の生活について教えてもらいました。
その時、彼らを「人生の先輩」と呼びかえました。すると「高齢者」
とひとくくりにできない多様な生き方が見えてきました。こうした発
見や気づきを多くの人に知ってもらうことで、人生の先輩に対するイ
メージや彼らへの関心を高めてもらおうと、彼らの生き方を展覧会に
して披露しました。展覧会を開催するにあたり、一緒に展覧会をつく
る市民を募りました。なにか面白そうだと思って集まった参加者と一
緒に、来訪者への広報、おみやげ、そして体験型展示プログラムを考
えて実施しました。連日多くの市民が足を運んでくれて、「見方が変

わった」「私もこのように生きたい」「自分のおじいちゃんに会いに行きたくなった」という声が聞こえました。

　先輩たちの生活実態を調査したことから、地域で元気に暮らす12個のヒントが見つかりました。そのうちの１つ「年の差がある友達をもつこと」は特に重要だとわかり、次年度以降は地域で年の差がある友達をつくる方法を検討するワークショップを開催しました。当初、普段から年の差がある友達として会ったり、楽しんだりして、いざ助けが必要になった時に助け合えるようにしようと、試行錯誤しました。まず、年の差があっても一緒に楽しめることから考えました。すると、一緒におやつを食べたり、歌を歌ったり、運動したりするのがいい、ということでアイデアを実験しました。翌年は自分たちで市内に年の差のある友達を増やしていく活動として運営するための方法を検討しました。事業終了後も続けるには、ゆるく、でも放っておかない関係性が大事と話し「年の差フレンズ部」という部活として活動を続けることになりました。定例会議は会議室ではなくて、子ども連れで屋外バーベキューにしてみたり、遠足に出かけてみたり、映画会を開催してみたり、様々なイベントを実施しました。また着付けが上手な先輩に友人の結婚式に参加するので着付けをお願いしたり、模擬葬儀を

写真５-６　年の差フレンズ部を
　　　　　結成後に出かけた遠足①

写真５-７　年の差フレンズ部を
　　　　　結成後に出かけた遠足②

やってみたり、先輩と話していたことが結婚を決断する要因になった
り、と日常に「年の差フレンズ」がいる生活になっていきました。コ
ロナ禍の現在も感染に気をつけながら活動を続けています。

イ　「地域福祉中核人材育成プログラム」（岩手県盛岡市）

　岩手県盛岡市では、地域福祉を担う人材を育成していくことが地域
福祉計画に盛り込まれました。さて、地域福祉を担う人材とはどんな
人でしょうか。依頼してくれた行政の担当職員の方が「ちょっと人と
違うことをしているとか、面白い人がいいと思うんです」と言ってく
れました。筆者もまさしくそう
いう人じゃないかと思っていま
した。先述したようにまちづく
りの現場では、「地域でおもし
ろいことをしている人」は重要
なキーパーソンになることがあ
ります。新しい公共をつくって
いくためには、既存のやり方を
超えたアイデアが必要です。地
域福祉もまちづくりですから、
既存の概念を覆すような視点が
重要です。

　このプロジェクトでは、福祉
を含めてまちで面白いことをし
ている人に話を聞いて、地域福
祉を担う人材育成のワーク
ショップを開講しました。ワー

**写真5-8　給食パンでサンドイッチ
　　　　　をつくる実験**

**写真5-9　サンドイッチをつくる間
　　　　　に遊んでいる**

クショップには、大学生、グラフィック・デザイナーから、型破りな
通所介護施設を運営する人、民生委員など多様な人が集まりました。
彼らと地域福祉とは何かを考えながらまちを歩いて探検し、自分たち
があったらいいなと思う地域福祉を考え実験しました。あるチームは、
学校給食のパンを提供する事業者に協力してもらい、子どもと一緒に
サンドイッチをつくる活動をして地域の人が仲良くなる案を実験しま
した。またあるチームは、ワークショップで学んだことを活かし、ま
ちにある「福祉かな？と思うもの」を写真におさめて、地域の民生委
員さんを審査員にして写真コンテストをしました。コンテストに提出
された写真は、商店街にある椅子に腰掛けて談笑する住民の姿、とい
うものから、公衆トイレの前の花壇、背の高さの違う街灯がまるで先
輩が後輩を思う姿に見えたという写真など様々な写真が集まりまし
た。「これって福祉？」と疑問符のついた写真コンテストは、普段か
ら真剣に民生委員として地域福祉を担う人を前に、参加者たちはふざ
けてしまったかと不安に思っていたようでした。しかし審査委員長か
ら最後に「来年もよろしく！」と温かい応援をもらいました。

　この事業はその後、参加対象者を高校生に変更して、高校生の目線
で見た地域福祉の取組を考えることになりました。近年の高校生は、

写真5-10　審査員（民生委員さん）
　　　　　に自分の写真を披露する

写真5-11　審査員（民生委員さん）
　　　　　から表彰される

学校、部活、塾などとやることが多く、地域のことをあまり知りません。地域でも、小学生やかろうじて中学生までは地域でも見かけるが、高校生は見かけないと言います。そこで地域に出ていき、民生委員や前年に参加していた福祉に関わる仕事や活動をしている人に話を聞いてまわりました。話を聞いたあとに、自分が関心のある課題を話し合いましたが、聞いたことをそのまま話すだけでなんだか他人事のようでした。そこで、自分がどうしても気になることを徹底して探すことを宿題にし、次回持ってくることにしました。その時にインターネット、新聞、テレビ、雑誌や漫画などからヒントを得るように伝えました。すると、いじめ、ひきこもり、小学生の学力低下、小中学校時期の社会との接点の少なさ、若者の県外流出、など身近な課題を持ち寄ってくれました。課題を深掘りし、本当に自分ごとにできるまではさらに参加者同士や大人との対話が必要でしたが、最後は自分たちの言葉で伝えられるようになりました。この事業では自分の発見と考えをプレゼンテーションするまでにとどまっていますが、参加した高校生が地域でインターンに行ったり、自分の将来を決める一助となったりと良い影響が出ています。

（6）コミュニティデザインで魅力あるまちを市民とつくろう

　少子高齢化への変化に伴い、これまで行政が担ってきた公共サービスのすべてを今までのように提供するのは難しくなりました。行政としては足りない部分を住民が担ってくれたらと思うこともあると思います。一方、地方へ移住する人や兼業する人、空き家を改築して暮らす人など、これまで行政が公共サービスとして実施してきたことを、好んで実践する人も増えてきています。地域には課題も可能性も含め

て、多くの資源が存在しています。地域に暮らす人はもちろん、行政
や企業、市民活動やボランティア団体、また社会課題も多く存在して
います。ある人にとって課題でも、ある人には可能性や資源になりま
す。行政と住民が一緒に公共の大切さを理解し、資源を上手に活用し
て互いが役割を果たせば、魅力あるまちになっていくでしょう。こう
した機会に知り合った人や資源は、別の機会に活かされることも多く
あります。

　しかし、行政と住民は利害が直接にぶつかりあう仲でもあります。
行政ができないことを住民に頼むだけでは、やらされ感が生まれたり、
委託される側とする側という関係になったり、住民も行政ができてい
ないことを指摘して苦情を言うなど、思うような関係や結果が生まれ
ません。そうした時にコミュニティデザインの手法を活かして、客観
的な立場で両者の意見を引き出し、対話の機会をつくり、実践につな
げられるような関係性を築く役割が求められるでしょう。私たちのよ
うなコミュニティデザイナーが間に入ることもありますし、職員自ら
がその役割を果たすこともできるかもしれません。自治体の職員とし
てコミュニティデザインを実践する場合は、どの立場で話し合いに参
加するか、話し合いを進行するかを明らかにしておく必要があるで
しょう。また、部分的にコミュニティデザインの手法を活用するとい
う方法もあるでしょう。たとえば、住民と話す際はヒアリングだと思っ
て話を聞いてみるとか、職員同士の話し合いはワークショップ形式に
してみるとか、少しずつ取り入れることで、住民との距離を縮めて共
にまちをつくる仲間になっていけるかもしれません。

　もっとコミュニティデザインについて知りたい、と思った方は「コ
ミュニティデザイン」（山崎亮著・学芸出版）や「縮充する日本」（山
崎亮著・PHP研究所）などを読んでみてください。また「コミュニティ

デザインの仕事」（studio-L著・株式会社ブックエンド）は、コミュニティデザインをゲーム感覚で体験するアドベンチャーブックになっています。一度体験してみてください。

　それでも、「難しい、困った！」という場合やコミュニティデザインに一緒に取り組みたいと思った方は、ぜひ私たちにお声がけください。皆さんの地域に合った地域福祉を一緒に考えて実践していきたいと思います。

（7）地域福祉の部署で働く自治体職員の皆さんへのエール

　地域福祉関係の部署に来た皆さん、どうしよう、住民と一緒に何かやるなんて不安だし心配だ、怒られるかもしれないと悩んだことがあるかもしれません。筆者も、福祉とは無縁なのに何ができるのか？と思ったことがあります。しかし、地域福祉はやればやるほど、人生を楽しむ人が増える、暮らしやすさが増す、魅力的なまちに近づく、という面白い分野です。困った時は、地域へ出ていってください。先生はどこにでもいます。そして楽しさを中心に仲間をつくって、これまでにない地域福祉をつくっていってください。皆さんの事例を知るのが、今からとても楽しみです。

引用・参考文献

牧里毎治・杉岡直人・森本佳樹編「ビギナーズ地域福祉」（有斐閣）、(2013)

5　自治体福祉行政における地域福祉の変遷 —岩手県の地域福祉行政の実際から—

　本節では、自治体福祉行政における地域福祉の変遷を岩手県の地域福祉行政の実際から紹介します。併せて、自治体に求められる地域福祉行政の機能とその担当職員の能力について、若干の所見を述べます。

　自治体における「地域福祉行政」は、生活保護制度と措置制度を中心とした我が国の社会福祉法制度の中にあっては、長年、法令に「義務付け」されたものではなく、その位置付けや取組の実際は、国の政策動向の影響を受けながらも、一様ではありませんでした。

　最近の社会福祉の政策動向を見ると、地域福祉が自治体福祉行政の中心に位置付けられようしていますが、読者の皆さんにはそれぞれの自治体の地域福祉の変遷を振り返り、これからの地域福祉行政のあり方を考える契機にしていただければと思います。

（1）我が国の近年の地域福祉をめぐる政策動向

　1990年の福祉八法改正による1993年度からの老人福祉及び身体障害者福祉の措置事務の都道府県から市町村への権限移譲は、自治体福祉行政の「分権化」の先駆けとなりました。同時に改正された社会福祉事業法において自治体は、新たに設けられた第3条の「基本理念」により「地域において必要な福祉サービスを総合的に提供されるように」、第3条の2の「地域等への配慮」により社会福祉を目的とする事業の実施にあたって、「地域に即した創意と工夫を行い、及び地域住民等の理解と協力を得るよう」に努めなければならないとされました。

　1992年の社会福祉事業法改正による「国民の社会福祉に関する活動への参加の促進」の規定に基づき翌年には「基本的な指針」が示されます。また、この法改正では市町村社会福祉協議会（以下「市町村社協」）の事業に「社会福祉に関する活動への住民参加のための援助」が追加となり、市町村社協を中心として福祉ボランティア活動を振興することとされます。

　1998年の「社会福祉基礎構造改革について（中間まとめ）」の「改革の理念」には「福祉の文化の創造」が掲げられ、2000年の社会福祉法（社会福祉事業法の改正・改称）では、法の目的規定に「地域福祉の推進」が明記され、地域住民、社会福祉事業者等も「地域福祉の推進に努めなければならない」と規定されます。

　1997年制定の介護保険法では介護保険事業計画に「被保険者の意見を反映させる」ことが規定され、介護保険を通じて住民参加による「福祉の（で）まちづくり」に積極的に取り組む自治体も多くありました。介護保険は地方分権改革の動向とも相まって「地方分権の試金石」とも言われ、2000年度からスタートします。

　こうした国の政策動向からも、1990年代は自治体福祉行政にとって地域福祉や福祉ボランティア活動の推進における新たな時代の幕開けであったと言えるでしょう。

（2）福祉行政における地域福祉の位置付けと主な地域福祉関連事業

　ここでは、上で述べた国の政策動向を踏まえて、岩手県の社会福祉行政において、地域福祉がどのように位置付けられてきたか、また、地域福祉関連事業が具体的に進められてきたかを、岩手県の福祉行政の基本計画として策定された「福祉計画」や各種の報告文書等により、

1970年代から年代区分ごとに確認し、主に市町村社協の実施事業の内容やその特徴についてみていきます。

ア　1970年代の岩手県福祉行政における地域福祉

（ア）福祉行政における地域福祉の位置付け

　1976年には、「第二次岩手県社会福祉計画」が策定されています。この計画について、岩手県の毎年度の社会福祉行政の実施概況をまとめた「岩手県社会福祉年報（1976年度版）」では、「計画の基調は、公的福祉施策を一層充実するとともに、社会福祉活動に対する県民の自主的な参加と協力のもとに公私の一体的協調を図り、互に支えあい、励まし合う福祉活動を展開することによって、すべての県民が生きがいのある充実した生活を営むことのできる地域社会をつくりあげることを目標とした」と記しています。

　この時期の自治体福祉行政は、「生活保護」と「措置による施設入所」が中心で在宅福祉サービスも不十分な状態でした。計画には「地域福祉」という言葉は使われていませんが、福祉活動への県民の参加と協力、公私の一体的協調、支え合いによる地域社会づくりといった表現に、県としての地域福祉の考え方が示されていると言えるでしょう。

（イ）地域福祉関連事業の実施状況

　この時期の福祉行政には、地域福祉関連事業と言えるものは多くありませんが、代表的なものとしては、1966年度から行われていた「福祉活動専門員設置費補助（人件費・活動費）」がありました。これは国庫補助により市町村社協への人件費（活動費）補助を行うものであり、1999年に一般財源化されるまで続きました。

　そのほかには、1973年に国庫補助事業として「奉仕銀行」が始まり、この事業は1975年には「社会奉仕活動センター事業」となり、岩手県

社協が「社会奉仕活動指導センター」となって、市町村社協には「社会奉仕活動センター」が順次設置されていきます。

イ　1980年代の「福祉計画」における地域福祉

（ア）福祉行政における地域福祉の位置付け

　1985年策定の「新岩手県社会福祉基本計画」の各論には「地域福祉の充実」が掲げられ「地域福祉」の文言が登場しています。そこでは、「自助努力と相まって在宅福祉を中心とする公的な福祉サービスを一層充実するとともに、相互の協調や協力のもとに地域に根ざした多様で質の高い、かつきめ細かな地域福祉活動が展開されることが必要である」「しかし、県民の福祉意識は、次第に盛り上がりを見せているものの、未だ特別視する傾向にあり、また、地域活動も断片的、単発的な域を出ない面も見受けられる」と現状をとらえ、施策の方向として「福祉意識の高揚」「民間福祉団体活動の活発化」「地域福祉活動の育成助長」等が掲げられています。

　1980年代の国の社会福祉政策の基調であった「日本型福祉社会」の考え方も踏まえ、「地域福祉の充実」のための「県民の福祉意識の高揚」の必要性が述べられています。

（イ）地域福祉関連事業の実施状況

　この時期に国庫補助事業として行われたのが、「福祉ボランティアの町づくり事業（ボラントピア事業）」（1985～1993年度）です。この事業は、ボランティア活動の基盤整備を目的として市町村社協が指定され、事業実施したもので、岩手県では毎年度2か所程度が指定となり、1993年度までに19社協で実施されました。

　また県の単独補助事業として、1981年度から、地域住民の自主的福祉活動の促進と地域の福祉意識の高揚等を目的とした「地域における

福祉活動推進モデル事業」が始まっています（1989年度まで）。これ
は小学校区程度をモデル地区として指定し、３年間の指定期間中に年
額20万円を補助するものでした。

　また、1988年度からは、福祉教育の機会を通じて地域住民の福祉へ
の理解と関心を深めることを目的に「福祉教育推進事業」が開始され、
後継事業である「福祉教育総合推進事業」は、1996年度まで市町村社
協において広く実施されています。

　このように、1980年代には、国の施策として住民の福祉意識の醸成
や福祉ボランティアの基盤強化が推進されるようになり、岩手県にお
いても国庫補助事業の導入とともに、少額補助ではありましたが、県
単独補助事業による取組も行われていきました。

ウ　1990年代の「福祉計画」における地域福祉
（ア）福祉行政における地域福祉の位置付け

　1992年策定の「第三次岩手県社会福祉基本計画」では、「社会福祉
施策の基本的方向」の中で「地域に根ざした福祉の展開」として「県
民の福祉意識の一層の高揚を図り、住民相互の思いやりや助け合いの
心を育みつつ地域住民の主体的参加による多様な福祉活動の活発化を
図る」としています。

　各論の「地域福祉の充実」では、「家庭が持つ養育・介護機能の低
下や地域社会の連帯意識の希薄化、精神的豊かさへの志向の高まりな
ど、地域福祉を取り巻く環境の変化により、福祉の対象領域は拡大し、
福祉ニーズは増大し、多様化してきている」という現状認識のもと、
施策の方向として「学校・地域での福祉教育の推進・拡大」「社会福
祉協議会の企画・実施機能の強化、組織や財政基盤の確立等への指導
援助」「ボランティアグループづくり」や「ボランティアリーダーの

養成」「岩手県長寿社会振興財団への高齢者福祉基金の設置などによる各種民間団体等が行う活動の振興」等が掲げられています。本計画に掲載されている「地域福祉推進体系図」では市町村社協を中心に置き、県・市町村の役割を資金援助、県社協の役割を指導援助としています。

　国の政策動向を踏まえて、社協による地域福祉やボランティア活動等の推進・活発化の必要性が強調されていることが分かります。

（イ）地域福祉関連事業の実施状況

　この時期の地域福祉関連事業は、国庫補助事業としては、「ふれあいのまちづくり事業」（1991年度開始）と「市町村ボランティアセンター事業」（1994年度開始）があります。

　これらは、市町村社協を指定し、地域を基盤とした住民の福祉活動やボランティア活動の推進体制を整備するもので、とくに、「ふれあいのまちづくり事業」は、事業期間最大5年で、地域福祉活動コーディネーターの設置（人件費）を含む大型の補助事業で、地域の実情に応じた福祉サービスを総合的に提供する体制整備を目的とする事業でした。

　1990年代の岩手県は、こうした国庫補助事業を積極的に導入し、市町村社協の地域福祉の展開を促進するとともに、県単独補助事業も実施しています。

　市町村社協による地域福祉活動を促進しようとする事業としては、「地域福祉推進強化事業」（1990〜1993年）、「ボランティアのまち推進事業」（1994〜1995年度）が実施されました。

　1997年からは、国庫補助事業の「市町村ボランティアセンター事業」と「ふれあいのまちづくり事業」の中間的事業として「福祉コミュニティ形成促進事業」が実施されました。この事業は、従来の県単独事業では対象としなかった人件費を補助対象とし、事業費（補助基準額）

も450万円と、それまでの県単独事業としては大きなものでした。また、市町村が地域福祉やボランティア活動の推進に主体的に取り組むことをねらいとして、実施主体を市町村とし、市町村が市町村社協に補助する場合に、県が市町村に補助することとしました。

　また、1996年度からは、全県下での地域福祉活動やボランティア活動の普及啓発のための「ハンドブック」の作成や研修会の開催等を行う「地域ボランティア活動推進事業」が県事業として開始され、1999年度からの「地域福祉の結づくり事業」へと続いていきました。

　岩手県では、1994年度に第3回全国ボランティアフェスティバル岩手が第3回岩手県ボランティアフェスティバルを兼ねて盛岡市を中心に開催されました。

　これを契機に県民のボランティア活動への関心が高まり、2002年度まで県内各地で開催された県ボランティアフェスティバルにその成果が引き継がれ、岩手県のボランティア活動の振興に大きな役割を果たしたと言えるでしょう。

　1990年代は、進展する高齢化により増大する福祉ニーズに対応するため、国は新たな高齢者介護システムである「介護保険制度の創設」を図りながら、福祉行政を従来の措置制度による施設福祉中心から、市町村を中心とした在宅福祉サービスの充実に重点を移そうとする時期にあり、一方では、幅広い国民の社会福祉への参加により新たな地域福祉活動の基盤づくりを進めようとした時期でもあります。岩手県においても国の政策動向を踏まえて、地域福祉関連の国庫補助事業の積極的な導入と新たな県単独補助事業により地域における住民福祉活動やボランティア活動の推進が積極的に展開されました。

エ　1990年代の地域福祉施策の総括と地域福祉支援計画の策定

　1990年代の岩手県の地域福祉施策について、1999年に保健医療福祉施策を総合的かつ効果的に推進するための指針として策定した「岩手県保健福祉計画」の「地域福祉の現状と課題」では、「地域福祉の中核となる社会福祉協議会や民生委員・児童委員、ボランティア等の民間福祉活動の活発化を図るため、ふれあいのまちづくり事業や市町村ボランティアセンターの設置などにより支援に努めてきました。市町村ボランティアセンターの設置については、概ね全県下をカバーできるようになっていますが、ふれあいのまちづくり事業は全市町村の３分の１程度の実施であり、県単独事業の福祉コミュニティ形成促進事業を創設するなど、社会福祉協議会への支援を強化してきました」と総括しています。

　岩手県が「ソーシャルインクルージョン」の考えを基本として「第１期岩手県地域福祉支援計画～互いに認め合い、共に支え合いながら、誰もが安心して暮らせる地域社会の実現～」を策定したのは2009年で、これにより岩手県の地域福祉行政は新たな段階に入ることとなります。2014年に「第２期計画」を、2019年に「第３期計画～互いに認め合い、共に支え合いながら、誰もが安心して暮らし、幸福を実感できる地域社会の実現～」を策定し、現在に至っています。

（3）近年の動向と福祉行政職員に求められること

ア　「社協の後方支援」から「主体的な地域福祉行政」へ

　国は2005年に地域福祉推進事業等の既存の補助金を統合化して「セーフティネット支援対策等補助金」を創設し、「ふれあいのまちづくり事業」等は実施主体を市町村とする「地域社会安心確保ネット

ワーク事業」へと引き継がれます。このことは、地域福祉における市町村の位置付けが「社協の後方支援の役割」から地域福祉計画に基づく「主体的な役割」へと大きく転換したものと言えます。

　近年の社会福祉法制度の動向はめまぐるしいものがあります。

　2015年に厚生労働省は「新たな時代に対応した福祉の提供ビジョン」を示し、2016年には「ニッポン一億総活躍プラン（閣議決定）」を受け厚生労働省に「『我が事・丸ごと』地域共生社会実現本部」が設置され、2020年代初頭の全面展開を目指した法制度改正等の「実現に向けた工程」が示されます。

　介護保険法は、2014年改正で「地域包括ケアシステムの構築」を掲げ、介護予防・生活支援への住民参加を推進することとしましたが、2017年改正では「地域包括ケアの深化・推進」を掲げ、地域共生社会の実現に向けての高齢者と障害者が同一事業所でサービスが受けられる「共生型サービス」を創設（障害者総合支援法、児童福祉法同時改正）、2020年改正では、地方公共団体に「地域共生社会の実現」の努力義務を規定しています。

　2017年の社会福祉法改正では、地域福祉計画の策定を「努力義務」とするとともに、各福祉計画の上位計画として位置付け、市町村は、地域生活課題の解決のための「包括的な支援体制の整備」に努めることが規定され、2020年の社会福祉法の改正では、地域共生社会実現のため市町村の既存の相談支援等の取組を生かしつつ、地域住民の複雑化・複合化した支援ニーズに対応する包括的な支援体制を構築するための「重層的支援体制整備事業」が創設され、また、複数の社会福祉法人が業務連携を推進し、地域における公益的な取組も含めた種別を超えたサービス提供等を行う「社会福祉連携推進法人制度」が創設されました。

　2018年の生活困窮者自立支援法の改正で新設された基本理念には、「地域社会からの孤立」等への支援が「包括的かつ早期に行わなければならない」と明記され、同法は、生活保護と並ぶ「低所得者福祉施策」から「地域福祉施策」としての性格をより一層強めています。

イ　自治体福祉行政職員に求められる能力

　こうした一連の社会福祉法制度の動向からも分かるように、自治体には「本格的な地域福祉行政」が求められる時代となったと言えるでしょう。では、自治体、特にも市町村の地域福祉行政とその担当職員には何が求められるのでしょうか。

　筆者は、予てから自治体福祉行政と職員に求められる機能と能力として、①セーフティネット機能と能力、②ネットワーク形成機能と能力、③政策形成・実施機能と能力、を挙げていますが、地域福祉行政とその職員に求められる最も重要なものは「ネットワーク形成機能と能力」ではないでしょうか。

　地域福祉行政において多様で複合的な生活福祉問題に適切に対応するためには、福祉行政の縦割りを超えた組織内外の関係部署、関係機関・団体との連携と協働のための「ネットワーク形成機能」が求められ、担当職員には、福祉分野の知識経験はもちろんのこと福祉分野以外の分野との相互理解を可能とする豊富な知識・経験も求められます。そのための交渉能力や調整能力も重要となります。これら能力には「セーフティネット機能を担った能力」が基盤となるでしょう。こうした「ネットワーク形成機能と能力」があって初めて地域福祉計画の策定を通じての「政策形成」がなされ、地域の実情に即した実効性のある「事業実施」が可能となっていくのです。

　最後に、以上の「機能と能力」が形成・発揮されるためには、部課

長等の「管理職」に高い「管理・運営能力」と強い「指導力」が求められることを記しておきたいと思います。

引用・参考文献

岩手県「社会福祉年報（各年度版)」

岩手県「社会福祉ガイドブック（各年度版)」

岩手県「新岩手県社会福祉基本計画」、(1985)

岩手県「第三次岩手県社会福祉基本計画」、(1992)

岩手県「岩手県保健福祉計画」、(1999)

岩手県「地域ボランティア活動ハンドブック」、(1996)

岩手県社会福祉協議会「創立五十周年記念誌『社会福祉協議会の歩み』」、(2003)

社会福祉法令研究会『社会福祉法の解説』、中央法規、(2001)

厚生労働省「社会・援護局関係主管課長会議資料」福祉医療機構WAMNET、(2005)

齋藤昭彦「市町村の福祉行政専門職員の配置の必要性と求められる市町村福祉行政の機能及び福祉行政専門職員の能力」『岩手県立大学社会福祉学部紀要』第21巻、(2019)

おわりに

　さて、最後までお読みいただきありがとうございました。いかがだったでしょうか。本書が、皆さんの地域福祉や社会福祉協議会に対する解像度を少しでも上げることに役立ったとすれば、執筆者一同にとって望外の喜びです。

　とはいえ、やはり本を読んだだけでは地域福祉も社会福祉協議会も完全に「つかむ」というのはなかなか難しいと思います。

　加納（2003）は、地域福祉（コミュニティワーク）の「おもしろさ」は「わかりにくさ」に象徴される「複雑系（complex system）」の実践に由来する、と述べています。つまり、地域福祉は主体や対象、実践のレベル（地域、集団、家族、個人）、評価指標などを考えるうえで、非常に多様な要素がそれぞれ複雑に重なり合いながら絡み合っているがゆえに、一見とても「わかりにくい」わけです。しかしそうした取組を、個別の部分が全体に影響を与え全体の変化が個別の部分にフィードバックされるという「複雑系」としてとらえることができると、その「おもしろさ」も見えてくるという説明です。地域というのは様々な人間関係や歴史が生み出す有形無形のルール、地域課題や個別生活課題、そして資源に満ちた「複雑系」です。その複雑系に、行政職員としての自分の仕事を「入力」すると、それは必ず何かしらの形で「出力」されてきます。そこに地域福祉の「おもしろさ」があるというわけです。

　ある自治体の地域福祉課の例を紹介しましょう。その自治体では、社会福祉協議会と連携して住民向けの地域福祉活動のボランティア養成講座（通年プログラム）を開催してきました。しかし受講生はなかなか集まらず、毎回民生委員や町内会関係者、既存のボランティア団

体役員といった「いつもの人たち」がなかば義務的に参加しているという状態でした。部署に新たに異動してきた担当者は現状をみてやり方を変えることにします。まず講座の参加対象を高校生に変えました。そして民生委員や団体役員などは「講師」として参加してもらうことにします。高校生には「大学の推薦入試の面接ネタになるかも」というアピールもしたところ、かなり多くの高校生が受講申し込みをしてきました。そうして、一年間かけて地域の福祉関係者と地元の高校生が定期的に集まって福祉課題や活動について学び合う「ボランティア養成講座」が実現します。高校への働きかけや地域住民への働きかけ等前例にない取組は部署内、地域内でもそれなりの摩擦や波風を立たせることになりましたが、どうにかこうにか形にして定着させることに成功しました。そして、その講座を受講した高校生が、講座で知り合った活動者と仲良くなり、地域でのボランティア活動に参加するようになりました。その高校生は活動実績をPRした自己推薦で福祉系の大学に進みます。そして数年後には資格をとってなんと地元の社会福祉協議会に職員として就職したのです。「講座の企画を工夫する」というインプットが、途中様々な短期的なアウトプットを経て、数年後に「地域福祉人材の創出」という成果を出力したわけです。まるでドラマのような展開ですが、行政職員としての「入力」がなければこのドラマは生まれていなかったかもしれません。行政職員という立場は業務を通じて比較的ドラスティックなインプットができる立場と言えます。

　アウトプットには意表を突く出会い、予想外のチャンス、肝を冷やすトラブルなど、様々なものがありえますが、願わくば、読者の皆さんが「地域福祉っておもしろい」と感じられるアウトプットに出会えることをお祈りしております。

最後に、さらに行政職員として地域福祉への理解を深めるために役立つ専門的な学術書をいくつか紹介させていただきます。本書は入門書という性格上、精密な概念整理や詳細な制度解説は十分行えなかった部分もあります。本書で押さえたポイントを踏まえ、ぜひさらに学びを深めていってください。

大橋謙策『地域福祉とは何か 哲学・理念・システムとコミュニティソーシャルワーク』、中央法規、（2022）

永田祐『包括的な支援体制のガバナンス―実践と政策をつなぐ市町村福祉行政の展開』、有斐閣、（2021）

畑本裕介『新版 社会福祉行政―福祉事務所論から新たな行政機構論へ』、法律文化社、（2021）

松端克文『地域の見方を変えると福祉実践が変わる：コミュニティ変革の処方箋』、ミネルヴァ書房、（2018）

宮城孝編著『地域福祉と包括的支援システム―基本的な視座と先進的取り組み』、明石書店、（2021）

引用・参考文献

加納恵子「コミュニティワーク・イメージ―その『わかりにくさ』と『おもしろさ』」高森敬久・加納恵子・高田真治・平野隆之『地域福祉援助技術論』相川書房、（2003）、pp 3 -11

執筆者一覧

◎は編著者

（令和4年6月現在）

第1章　◎菅野　道生（岩手県立大学）

第2章　永井　裕子（福井県立大学）

　　　　板倉　香子（洗足こども短期大学）

　　　　弘中　秀治（宇部市役所産業経済部成長産業創出課）

第3章　森　　信二（元港区保健福祉支援部長）

　　　　佐藤　俊治（盛岡市商工労働部経済企画課）

　　　　田岡　　明（本山町まちづくり推進課）

第4章　石井　義恭（臼杵市地域力創生課）

　　　　梅澤　　稔（元上智社会福祉専門学校）

　　　　中村　直樹（弘前医療福祉大学短期大学部）

　　　　菅野　道生（前　掲）

第5章　鍵屋　　一（跡見学園女子大学）

　　　　新井　康友（佛教大学）

　　　　西川　　正（NPO法人ハンズオン埼玉）

　　　　出野　紀子（株式会社studio-L）

　　　　齋藤　昭彦（岩手県立大学）

編著者紹介

菅野　道生（かんの　みちお）

岩手県立大学社会福祉学部　准教授。

東京ボランティア・市民活動センター専門員、東日本国際大学准教授、岩手県立大学福祉経営学科専任講師を経て2018年より現職。内閣府社会経済研究所研究員、港区政策創造研究所、岩手県社会福祉協議会アドバイザー、盛岡市地域福祉計画アドバイザー等を歴任。

著書に『「健康で文化的な生活」をすべての人に　憲法25条の探求』（共著、自治体研究社、2022年）、『岩手の地域課題から社会保障を考える : 貧困・高齢者・国保税・医療・社会福祉』（共著、岩手地域総合研究所、2019年）『社会的孤立問題への挑戦』（編著、法律文化社、2013年）など。

シリーズ　今日から福祉職
押さえておきたい地域福祉・社会福祉協議会

令和 4 年 6 月30日　第 1 刷発行
令和 6 年 2 月25日　第 2 刷発行

編　著　菅野　道生

発　行　株式会社 ぎょうせい

〒136-8575　東京都江東区新木場1-18-11
URL：https://gyosei.jp

フリーコール　0120-953-431
ぎょうせい　お問い合わせ　検索　https://gyosei.jp/inquiry/

〈検印省略〉

印刷　ぎょうせいデジタル株式会社　　　　©2022 Printed in Japan
※乱丁・落丁本はお取り替えいたします。

ISBN978-4-324-11008-9
(5108721-00-000)
〔略号：シリーズ福祉（地域福祉）〕